한국의 영업왕 열전

한국의 영업왕 열전

장 승 규 지음

살림Biz

진심이 담긴 영업은 반드시 성공한다

세일즈는 더 이상 특별한 일이 아니다. 우리는 누구나 영업인이 돼야 하는 시대에 살고 있다. 각자 팔아야 하는 물건이 다를 뿐이다. 자동차나 정수기, 혹은 보험을 파는 영업인만이 아니라 연봉 협상에 나선 직장인, 사랑에 빠진 연인들도 끊임없이 뭔가를 '세일즈' 한다. 결국 영업이란 상대의 마음을 움직이는 행위며, 본질적으로는 자기 자신을 파는 것이다. 이것이 바로 수많은 영업의 달인들이 들려주는 숨겨진 진실이다.

필자는 한겨레 경제주간지 《이코노미21》에 2005년 말부터 이듬해 봄까지 '영업왕 열전'을 연재하면서, 매주 한 명씩 각 분야

최고의 영업인을 인터뷰할 수 있는 기회를 가졌다. 이 책은 그 내용을 뼈대로 삼고, 거기에 그 이후 취재한 영업왕 중 몇 명을 골라 함께 묶은 것이다. 출판을 위해 원고를 정리하며 필자도 깜짝 놀랐을 만큼 이들의 나이와 경력은 다양하다. 대학을 갓 졸업하고 영업 사원 첫해에 판매왕에 오른 무서운 신인이 있는가 하면, 연도대상을 수차례 수상한 보험사의 간판급 재무설계사도 있다. 파는 제품도 가지각색이다. 한 척에 2,000억 원이 넘는 초대형 LNG선에서부터 수입자동차, 김치냉장고, 비타민, 시계, 화장품, 펀드, 보험, 심지어는 호텔 객실까지 망라돼 있다.

영업은 냉정한 승부의 세계다. 팔아야 할 것을 파느냐 못 파느냐만 있을 뿐, 그 중간은 없다. 그래서 갖고 있는 모든 것을 쏟아 붓지 않으면 안 된다. 하지만 영업의 승부는 한판승으로 끝나지 않는다. 한 경기가 끝나면 또 새로운 경기가 기다리고 있다. 어떤 의미에서, 이 책에 나오는 19명의 영업왕은 자신과의 싸움에서 이긴 진정한 승리자들이다.

필자는 단순한 성공 스토리보다는 이들이 가진 구체적인 노하우에 초점을 맞추려고 노력했다. 성공은 결코 우연히 찾아오는 것이 아니다. 크건 작건 모든 성공은 그 나름의 노하우를 필요로 한다. 이들이 쓰는 영업 노트와 PDA 활용법, 갈등 해소법, 고객 감별법, 아이디어 발상법 등 어찌 보면 사소하다고 할 수 있는 부분에 집착한 이유다. 이것은 결코 사소한 부분이 아니다.

책 출간을 앞두고 올 초 19명을 다시 한 번 인터뷰했다. 2~3년
이 흘렀지만 '영업왕'들의 활약은 여전했다. 승진하거나 지점을
옮기기도 했고, 직장을 박차고 나와 회사를 차린 분도 있다. 특히
박상일 전 기업은행 남동 2단지 기업금융지점장이 기억에 남는다.
그는 2005년 12월 첫 만남 때 누런 손때가 묻은 '영업 노트'로 필
자를 감동시켰다. 발로 뛰며 수집한 수백 명의 고객 정보가 그 안
에 빼꼭히 적혀 있었다.

그 후 박 지점장은 은행을 나와 고기집을 운영하고 있다. 은행
원에서 고기집 사장으로 직업은 바뀌었지만 그는 영원한 영업인
이다. 그만의 비기(秘技)인 영업 노트가 위력을 발휘해 그 사이 지
점을 두 곳이나 늘렸다. 그는 지금도 1,000여 명의 고객 이름을 몽
땅 외운다. 가족과 한번 오라는 연락을 받고도 아직 찾아가지 못
했다.

이 책의 주인공은 이들 19명의 영업왕들이다. 바로 우리 시대
의 숨어 있는 영웅들이다. 각고의 노력으로 얻은 영업 노하우를
아무 대가도 없이 흔쾌히 공개해주신 것에 다시 한 번 감사를 드
린다. 독자들에게 좀 더 쉽게 다가갈 수 있도록 원고를 다듬고 재
정리해준 강지석 씨와 편집팀에도 고마움을 표한다.

끝으로 사랑스런 아내 숙경과 아들 준영에게 사랑을 전한다.

2008년 3월 장승규

1장

모든 비즈니스는 영업이다

9 788952 208088
SALES

불과 일이십 년 전만 해도 물건은 만들기만 하면 팔렸다. 영업인은 단순히 고객에게 물건을 파는 사람일 뿐이었다. 그러나 이제 시장은 판매자 중심이 아닌 구매자 중심의 시장으로 바뀌었다. 제품의 수준이 엇비슷해지고, 라이프 사이클이 짧아지면서 기업 간의 경쟁은 말 그대로 전쟁 수준에 이르렀다. 흑자임에도 도산하는 기업까지 생겨났다. 고객이 원하는 제품을 만들어 필요한 만큼만 팔아야 하는 시대가 온 것이다.

고객과의 접점에 있는 영업인의 역할은 그래서 더 중요해졌다. 이전 시대까지만 해도 영업직으로부터 출발한 경영자들은 거의 없었다. 하지만 기업들의 최고 경영자들을 유심히 살펴보라. 정상에 오르려면 영업부터 시작하라는 말이 괜히 나오는 게 아니다. 세상이 어떻게 돌아가고 있는지, 소비자들의 실제 동향은 어떠한지 책상 앞에만 앉아 있는 사람은 제대로 인식할 수 없다.

고객 관리의 중요성이 부각되기 시작한 것은 그래서다. 수익에 직접 영향을 미치는 20퍼센트의 고객에게만 80퍼센트의 서비스를 제공하면 된다는 '2080 법칙'은 깨졌다. 고객들은 80퍼센트의 서비스를 제공받았더라도 다른 곳에 더 나은 혜택이 있으면 미련 없이 그쪽으로 돌아선다. 순진하고 안일한 생각은 과감히 버려야 한다. 정보가 넘쳐나는 시대다. 소비자들도 알 만큼은 안다. 아니, 더 잘 안다고 해도 과언이 아니다. 겸손하게 접근해야 할 필요가 있다.

그렇게 하기 위해서는 일단 자신을 옭아매는 실적표를 버려야 한다. 단기 실적에 목을 매면 일이 재미없어진다. 영업은 흡사 마라톤 경기와 같다. 초반에 치고 나가서 결승선에 먼저 들어오는 경우는 드물다. 당일의 바람과 기온에 따라 체력을 안배하고, 치고 나갈 때와 그렇지 않을 때를 적절히 조율해야만 결승선을 먼저 통과할 수 있다. 이처럼 영업은 처음에는 손해를 볼 수도 있지만 언젠가는 '스퍼트' 기회가 찾아오게 마련이다. 그러므로 만나는 모든 사람을 고객으로 만들겠다는 각오로 사람을 만나되 물건을 팔려는 욕구, 즉 목적을 너무 드러내서는 안 된다. 대신 고객이 먼저 다가오도록 만들어야 한다. 향기 있는 꽃 같은 사람이 되어야 한다. 당연히 파는 제품에 대해서는 누구보다 잘 아는 전문가가 되어야 하며, 상품을 팔 때는 진실만을 팔아야 한다.

결국 세상의 모든 일은 영업이다. 인생은 인간관계와 영업의 연속으로 이루어져 있고, 그 중에서도 영업인은 인생을 가장 치열하게 살아내는 사람이다. 좋을 때도 있고, 나쁠 때도 있는 것이 인생이다. 누가 언제 어디서 어떻게 될지는 아무도 장담할 수 없다. 그러나 한 치 앞을 분간할 수 없게 만드는 안개도 언젠가는 걷히기 마련이다. 그러니 보이지 않는다고 주저앉지 말자. 맑고 따스한 햇살이 자연의 순리처럼 당신을 비출 것이다. 당신에게는 이제 앞이 보이지 않을 때도 허리를 쭉 펴고 목적지를 향해 걸어나갈 수 있게 할 용기와 믿음만 있으면 된다.

공격적으로 고객을 발굴하라

영업 사원들의 영업 활동 내역을 하루 평균 8시간 기준으로 분석해보면 대체로 영업과 직접적으로 관련된 활동이 약 20퍼센트, 단순 반복적인 서비스와 관련된 활동이 약 40퍼센트, 회사의 내부 관리업무나 보고업무가 약 40퍼센트 정도를 차지한다. 이 말은 곧 고객을 통해 고객을 소개받거나 새로운 고객을 끌어들이는 일에 시간과 비용을 거의 투자하기가 어렵다는 것이다.

그러나 기업이 지속적으로 성장하기 위해서는 고객 중심의 마케팅 전략을 수립하고 이를 조직적으로 실행하는 관계 영업(Relationship Sales)이 주가 되어야 한다. '관계 영업'은 모든 고객과의 접점에서, 고객의 관점과 경험을 바탕으로 개별적인 고객 관리를 수행하는 영업 전략이다. 그래야만 고객 개개인에게 차별화된 서비스를 제공하고, 고객과의 좋은 관계를 장기적으로 유지할 수 있다.

고객과 관계를 맺기 위해 제일 먼저 할 일은 구매 동기가 있고 구매 가능성이 있는 가망 고객을 발굴하는 일이다. 최근까지 대부분의 기업들은 가망 고객을 개별적으로 발굴하기보다는 일반 소비자들의 머릿속에 우리의 제품과 서비스 브랜드를 인지시키고 그들이 매장에 올 때까지 기다리는, 소극적인 인바운드(Inbound) 위주의 영업을 해온 것이 사실이다. 그러나 이 경우 경기가 나빠지거나 경쟁사가 공격적인 마케팅을 펼치기 시작하면 속수무책으로 매출 감소를 경험할 수밖에 없다. 가망 고객을 적극적으로 발굴하고 찾아가는 공격적인 아웃바운드(Outbound) 영업 체제를 구축해야 하는 것은 그래서다.

하지만 공격적인 아웃바운드 영업이라는 게 말처럼 쉬운 일은 아니다. 영업으로 성공하길 원한다면 뒷전에서 관망만 할 수도 없다. 영업인은 우선 니즈가 없는 고객들의 냉대와 거절에 무감각해져야 할 필요가 있다. 모든 영업은 거절에서 시작된다는 영업의 격언이 괜히 나온 말이 아니다. 하루에 서른 군데를 찾아가 스물 일곱 번 거절을 당한, 그럼에도 불구하고 9년 연속 판매왕의 자리를 차지한 미래에셋의 이경 팀장은 "거절 상황을 이겨낼 방법은 꾸준함과 지독한 인내뿐"이라고 지적한다. 그의 한 해 평균 주행 거리만도 7만 킬로미터. 그는 차가 버텨내질 못해 2년마다 차를 바꿔 탄다. 얼마나 타고 내리기를 반복했는지 1년이면 운전석의 가죽시트가 닳고 바지의 엉덩이 부분이 다 해질 정도라지 않은가. 지름길은 없다는 뜻이다.

전국에 4,000여 개의 가맹점을 둔, 연간 400~500억 원의 매출을 내는 탄탄한 기업으로 성장한 좋은비타민의 강진호 사장도 다르지 않다. 판매할 제품이나 운영 시스템보다 어떤 회사인지를 먼저 설명해야 했던 영업 초창기, 당일 계약 2~3건을 목표로 하루 평균 30~40군데의 약국을 방문했다. 언제나 그 지역에서 가장 늦게 문을 닫는 약국이 문을 닫는 시간이 퇴근 시간이었다. "쉽게 얻으려고 하면 아무 것도 얻을 수 없다. 나를 판다는 생각으로, 진심으로 다가가야 상대방도 마음의 문을 연다."는 마음가짐으로 달려들었다.

고객들과 직접적으로 만나 새로운 영업 기회를 창출하는 영업 단위는 결국 영업 사원일 수밖에 없다. 아무래도 본사에 있는 마케팅 직원보다는 현장에 있는 영업 사원이나 서비스 사원이 기존 고객에 대한 영업 기회를 포착하기가 쉽지 않겠는가? 따라서 영업 사원들은 고객과의 관계를 착실하게 관리함으로써 또 다른 고객을 발굴할 의무가 있다. 가망 고객의 발굴은 더 이상 마케팅 부서에만 국한된 일이 아니다. 이제는 영업 부서나 서비스 부서도 새로운 임무를 띠고 적극적으로 고객들을 찾아나서야 한다.

누가 내 고객이 될 것인가?

어렵사리 발굴한 고객이라고 해서 그들 모두가 완전히 내 고객이 되리라는 보장은 없다. 가능성과 성과가 반드시 비례하지는 않는다는 것이다. 그러므로 내 고객이 될 확률을 높이기 위해서는 가망 고객을 구매 능력과 반응도에 따라 분류하고, 그런 다음에는 고객의 방문을 유도하거나 반대로 고객을 방문해 상담을 이끌어내는 과정을 거쳐야 한다.

문제는 예측할 수 없는 투자비용이다. 고객의 정보와 이력을 관리하는 데 생산성을 제고할 수 있는 여러 가지 전략들이 필요한 것은 그 때문이다.

입사 1년 만에 판매왕이 된 한국화이자의 이주현 MR은, 가망 고객의 주변 정보를 철저하게 수집하고 성향을 파악해 타입별로 공략하는 영업 전략을 펼친다. 기본 원칙은 단 하나로, 고객의 니즈를 제대로 파악하고 원하는 바를 충족시키는 것이다.

전화로만 25억 원어치의 보험을 팔고 골든콜 그랑프리를 수상한 교보악사자동차보험의 이동숙 팀장은, 편견 없이 고객의 관심 정보를 캐치하고 고객의 입맛에 맞게 교보자동차보험의 어떤 장점을 어떻게 강조할 것인가를 늘 고민한다고 한다. 그녀에게는 정해진 상담 매뉴얼이라는 게 없다. 영업은 상대에 따라 시시각각 영업자 자신을 변신시켜야 하는 일이라는 것이다.

JW 메리어트 판촉부의 임연주는 "상대편의 요구 사항을 모두 만족시키기는 힘들겠지만, 계약을 성사시키려면 키맨만큼은 반드시 100% 만족시켜야" 한다고 말한다. 판매는 상대방이 원하는 바로 그것을 내놓을 때 이루어진다는 얘기다.

명심해야 할 것은 계약 확률을 높이려면 수많은 고객들 중 전략적인 가치가 있는 고객이 누구인지, 그 고객이 원하는 제품과 서비스는 무엇인지, 핵심 구매 요인은 무엇인지 파악해 고객의 문제를 해결할 수 있는 솔루션을 가지고 접근해야 한다는 점이다. 물론 접촉 시기와 전달해야 할 메시지를 분명하게 하는 것도 중요하다. 단, 지속적으로 고객과 좋은 관계를 유지하고 소통하기 위해서는 상담 과정에서 획득한 고객 정보를 입체적으로 관리할 수 있어야 한다.

대우조선해양의 이진한 팀장은 "정보공유를 통해 수집된 데이터를 바탕으로 차후 상황전개를 예측하고, 그것이 어떻게 수요로 연결될지 항상 염두에 두고 영업에 임해야" 한다고 말한다. 고객에게 차별화된 서비스를 제공하고 계약을 이끌어내기 위해서는 전방위적 관점의 고객 관리가 필수라는 말이다.

상담은 거래의 끝이 아닌 시작이다

고객과 직접 대면하여 고객의 문제점과 요구를 파악하고 해결책을 제시하는 과정은, 고객에게 신뢰를 얻을 수도 있고 잃을 수도 있는 매우 중요한 단계다. 고객을 끌어들이기 위해 많은 비용과 노력을 투자했음에도 상담 과정에서 고객을 놓쳤다고 생각해보자. 이보다 허무하고 비효율적인 일은 없을 것이다.

그러므로 영업자들은 고객을 대하는 태도, 복장, 인사법은 물론, 고객의 요구에 대한 즉각적인 해소, 상담 과정에 필요한 정보 파악을 위한 질문, 견적서, 계약을 유도하는 스킬, D/C를 극복하는 화법, 불만에 대처하는 화법 등 상담 과정에서 발생할 수 있는 여러 가지 문제에 대해 대처 방안을 준비해놓을 필요가 있다. 그럼으로써 고객에게 믿음을 줄 수 있어야 한다.

청호나이스의 김장 처장의 영업관도 눈여겨볼 만하다. 그는 '영업'을 "고객의 마음을 사로잡아 불가능한 것을 가능하게 만드는 것"이라고 지적한다. 따라서 고객이 구매 결정을 미루지 않도록 "고객의 눈으로 보고 고객 자신에게 해당되는 것이라 느껴지도록" 설명할 수 있어야 하며, "적절한 비유와 사례를 들어 대화에 생기를 불어넣되 할 말과 하지 말아야 할 말은 구분할 줄도 알아야" 한다고 말한다.

스타일리시피플 김동순 사장은 "상품의 한계를 뛰어넘으려면, 자기 제품에 대한 말만 해서는 안 된다. 하지만 과장이나 가식으로는 절대로 다른 사람을 움직일 수 없다."고 지적한다. 또한 한성자동차의 신동일 차장은 고객의 신뢰를 얻으려면 모르는 것을 절대 아는 것처럼 설명하지 말라며 "반드시 경험해보고 판단한 뒤에 느낀 대로 가식 없이 설명해야" 함을 강조하기도 한다. 결국 관계 영업은 계약 고객으로부터 시작되는 것이다. 영업 사원은 탄탄한 전문 지식과 그동안의 상담 경험을 바탕으로, 열과 성을 다해 고객 감동을 이끌어내야 하는 사람이다. 사명감을 갖고, 상담을 진행하는 바로 그 순간을 거래의 끝이 아닌 거래의 시작으로 인식해야 한다.

당신의 고객을 지켜라

상품의 판매는 약혼과 같고, 고객과 관계를 맺는 것은 결혼과 같다는 말이 있다. 약혼은 언제든 깨질 수 있으나, 일단 결혼을 하고 나면 이혼하기 어렵고 그 절차도 까다롭기 때문이다. CRM

(Customer Relationship Management) 역시 한 번의 구매가 영업의 끝이 아닌 시작이라는 생각으로부터 나왔다. 거래 고객에게 차별화된 서비스를 지속적으로 제공해 고객의 가치를 극대화하고, 고객과 장기적인 관계를 유지함으로써 수익성을 높이는 중요한 영업 단계라고 할 수 있다.

영업 1년 만에 실적을 2배 가까이나 끌어올린 아모레퍼시픽의 김문희 지부장은 "나는 고객에게 원인을 제공하는 사람일 뿐이다. 믿음만 주어도 절반은 얻은 것이나 다름없다."고 단호히 말한다. 영업인이라면 자신을 '상품'이라 생각하고 최상의 상품이 되어 고객에게 다가갈 의무가 있다는 것이다.

그런데 기업들은 새로운 고객을 확보하기 위한 신규 고객 창출에 마케팅의 초점을 맞추려는 경향이 있다. 하지만 기업들이 신규 고객 창출에만 전념하면 기존 고객들은 상대적으로 무시당하기 마련이다. 투자 우선순위에서 밀리게 된다. 눈앞의 작은 이익에 연연하다가는 더 큰 이익을 놓칠 가능성이 있다.

가령 기존 거래 고객을 통해 재구매나 연고 소개가 활성화되면, 비싼 마케팅 비용을 들여 불확실한 신규 고객 창출에 전념할 필요가 없다. 게다가 거기서 절약한 비용을 고객 관리 비용으로 전환할 수 있으니 회사와 고객 양측 모두에게 이득이다. 그러나 현재의 고객을 만족시키지 못하면 고객들이 이탈하게 될 가능성이 높아진다. 신규 고객을 창출하지 못하는 상황이 될 수도 있다.

6년 연속 판매왕의 자리를 차지한 쌍용자동차의 이종은 소장은 "영업의 결과는 바로 나오지 않는다. 하지만 예전에 공들였던 곳에서는 오늘 결과가, 오늘 공들인 곳에서는 나중에 성과가 나오는 것이 또 영업"이라고 지적한다. 그러고는 "지키지 못할 약속은 절대 하지 않는다."면서 그럼에도 "약속을 했다면 어떻게든 지키려 한다."고 한다며 믿음에 대한 중요성을 되풀이한다.

문제는 고객이 원하는 상품과 바라는 서비스가 일치하지 않을 수도 있다는 데 있다. 하나의 대응 전략만으로는 모든 고객을 만족시킬 수 없다는 것이다. 고객군별로 또는 고객 개개인별로 차별화된 서비스 전략을 수립해야 하는 것은 그래서다.

고객의 만족도를 높이려면 서비스 수준을 높이고, 피드백 체제를 갖추어 서비스 전략에 적극 반영해야 할 필요가 있다. 서비스에 투자하는 비용은 반드시 고객 가치의 극대화에 기여해야 하며 고객의 만족도를 개선시킴은 물론, 재구매와 이탈 방지, 연고 창출 등 추가적인 매출로 이어져야 한다. 이러한 연관 관계를 추적하지 못하면 불필요하게 서비스 비용만 낭비할 공산이 크다.

입사 2년 만에 수석이 된 태평양의 한상옥 지부장은 "사람은 어렵게 마음을 연 만큼 쉽게 변하지 않으니 포기하지 말고 반드시 고객을 협력자로 만들라."고 말한다. 10년 가까이 억대 연봉을 유지하고 있는 삼성생명의 송정희 팀장 또한 "고객 한 사람, 한 사람이 수십억 원의 가치를 갖고 있으니 철저한 사후 관리가 필수"라면서 "무언가를 이루기보다 지키는 게 더 힘들다"는 점을 잊지 말라고 당부한다.

영업도 연애처럼 관계를 맺고 난 이후가 더 중요하다. 관계의 유지는 고객의 확장과 직결되는, 가장 중요한 영업 포인트임을 명심해야 한다.

고객이 고객을 부르게 하라

거래 고객의 만족도가 높아지면 제품의 반복 구매뿐만 아니라 주변 사람들에게 적극적으로 제품 구매를 권유하게 된다. 영업의 마지막 단계는 이와 같은 활동을 독려하고, 신제품이나 서비스를 개발하는 과정에 고객을 적극적으로 참여시키는 과정이라 할 수 있다. 실제로 만족도가 높은 고객은 평균 여섯 명 정도를 소개한다는 통계가 있다.

최근 억대 연봉자의 대열에 합류한 만도위니아의 장서영 점장은 "한 명의 고객 뒤에 열 명, 스무 명의 고객이 있다."고 지적한다. 우량 고객 주위에는 우량 고객들이 모이게 마련이므로, 그들이 자신을 가족처럼 여기도록 최선을 다해 노력해야 한다는 것이다. 교보생명의 강순이 명예상무 역시 고객의 진짜 가족처럼 되기 위해, 그들의 두 대, 세 대까지 평생 관리하겠다는 신념으로 그들의 모든 대소사에 빠짐없이 참여하고 있다.

실제로 한 주방 회사의 경우, 주변인의 소개인 고객이 약 30퍼센트에 달하고, 연고 소개된 고객의 68퍼센트가 제품 구매 3개월 이내에 발생했다고 한다. 즉 고객 하나가 3명만 연고 소개를 하면, 적은 마케팅 비용으로 3배 이상 매출을 증가시킬 수 있다는 것이다.

따라서 현대자동차의 최진성 차장은 항상 고객을 은인이라 여기고 보답한다는 마음으로 고객을 대한다고 했다. 그러다 보니 고객들도 그를 형이나 동생, 아들, 손자처럼 생각하고 있는 것 같다며, 때로는 그들이 대신 영업을 해주기도 하는 등 이제는 오히려 고객들이 그를 관리해 영업하기가 편해졌다고 한다. 이제 우리는 고객의 전략적 가치를 판단할 때 연고 소개나 구전 효과 기여도까지 반영해야 할 필요가 있다. 그리고 마지막에는 고객이 협력자, 혹은 개발자 등으로 영업 활동에 적극 참여할 수 있도록 최선을 다해 노력해야 할 것이다.

고객 관리의 핵심 주체

성공한 CEO들 중에는 영업인 출신인 경우가 많다. 이유는 간단하다. 누구보다도 소비자들의 마음을 잘 아는 사람들이기 때문이다. 판매의 최전선에서 자사의 제품과 서비스를 구매하도록 설득하며 고객들의 요구를 직접 듣고 해결한 경험은, 최고 경영자에 이를 수 있는 최고의 자산이다.

영업은 기업의 매출이 실현되는 곳으로 모든 기업에서 가장 중요한 기간 부서다. 지금은 기술 수준이 평준화되어 제품의 품질이나 성능만으로는 차별화를 꾀하기가 힘들다. 다시 말해 소비자들을 구매로 이끄는 것은 결국 소비자와 상품을 연결시켜주는 영업인이며, 영업인에 대한 신뢰감은 구매로 이어지기에 영업은 상품의 차별화를 꾀할 수 있는 유일한 장이다.

하지만 단순히 요구에 대응하는 정도로는 소비자들에게 신뢰감을 줄 수 없다. 소비자의 마음을 움직여 수요를 창출하는 새로운 차원의 판매 기법이 필요하다. 영업인은 단순히 물건만 파는 사람이 아니다. 상대방의 작은 행동이나 말 한 마디로부터 그가 필요로 하는 것을 포착해 충족시켜주는 사람이자 기업과 고객의 접점에서 변화를 가장 먼저 인식하는 사람으로서, 기업의 생명을 유지시켜주는 '심장' 과도 같은 존재다.

성공적인 세일즈의 핵심은 소비자의 요구에 따라 인간관계법을 달리 하는 데 있다. 비즈니스맨으로서, 또 경영자로서 성공하기 위해서는 성공한 영업인들의 인간관계 노하우를 벤치마킹할 필요가 있다. 그들이 상대방을 어떻게 상대방의 입장에서 이해하는지, 트러블이 생겼을 때는 어떻게 대처하는지, 상대방과의 갈등은 어떻게 효과적으로 극복하는지, 작은 단서들을 가지고 어떻게 주변 상황을 파악하는지 등에 대해 아는 것은 업무뿐만 아니라 일상생활에서도 필요한 일이다.

앞으로 소개될 이들은 고객과의 최초 만남에서부터 판매 후 사후 관리에 이르기까지 나름대로의 원칙과 철학과 소신을 갖고 고군분투하면서 남보다 월등한 실적을 내고 있는, 말 그대로 '영업왕' 들이다. 이들의 이야기는 진취적이고 성실한 직장 생활의 모범이 되기에도 충분할 것이다.

2장

개척 영업,
거절에서 시작하라

가망 고객 발굴 프로세스

9 788952 208088
SALES

1. 하루 30번의 방문, 27번의 문전박대

_이경 미래에셋생명 팀장

이경은 보험업계에서 아마도 거절을 가장 많이 당해본 사람일 것이다.

"보험업계에서 저만큼 많이 돌아다니는 사람은 없을 걸요. 그러니 저보다 거절을 많이 당한 사람도 없을 테지요. 하루에 대략 서른 군데를 방문하거든요. 그러면 평균 세 곳 정도를 건지게 됩니다. 하루에 스물일곱 번가량 거절당하는 것이지요. 게다가 건졌다고는 해도 그것이 계약 세 건으로 바로 이어지는 것은 아닙니다. 그 세 건이란 결국 계약 가능성이 있는 업체 세 곳을 말하는 것일 뿐이지요."

그렇다면 그 셋도 확실한 고객은 아니라는 말인가? 세상에, 서른 군데를 방문해 가능성이 있는 업체 두세 개를 겨우 발굴해냈는데, 그곳과도 계약이 성사될지 안 될지 모른다니. 그러나 그는 넉넉한 미소를 지으며 말을 이었다.

"스물일곱 번의 거절은 유망 업체 서너 곳을 건지기 위한 대가, 혹은 방법이라고 생각합니다. 하루에 세 곳만 건져도 매달 아흔 개 정도의 유망 업체를 확보하게 되니까요. 아흔 개의 업체 중에 세 곳에서만 계약을 따내도 한 달 활동량은 너끈히 마감할 수 있습니다."

그가 '보험'의 세계에 첫발을 내딛은 것은 1996년 가을의 일이었다. 당시 이경은 30대 후반이었고, '개척 영업'을 시작하기에는 약간 늦은 감이 있는 나이였다.

"세 달 안에 승부를 내겠다는 각오로 달려들었습니다."

'나이 많은 내가 과연 영업을 할 수 있을까?' 의심스러웠을 것이다. 당연히 확신은 없었다. 그는 딱 3개월 동안만 전심전력으로 '혼을 담은' 영업을 해보고, 안 되면 미련 없이 떠나겠노라 마음먹었다. 할 수 있는 것이라고는 오로지 다짐뿐이었다.

"각오가 비장했던 만큼 실천의지도 남달랐을 거라 생각합니다."

문제는 의지였다. 이경은 그 3개월 동안 명함 1,500장을 썼다. 평균 열 명꼴로 날마다 새로운 사람들을 만나러 다녔다. 그는 경력 15년의 중견 기업 경리부장 출신이었다. 퇴직보험을 팔러온 설계사들을 접해본 경험이 있었다.

"그 친구들, 제가 보기엔 소극적이었어요. 저는 처음부터 개인영업이 아니라 법인영업에 초점을 맞추었습니다. 물고기 한 마리 한 마리가 아니라 여러 마리의 물고기가 들어 있는 큰 어항 하나, 나아가 저수지 하나를 내 안에 품어보겠다는 꿈이 있었지요. 딱 업체 세 곳만 뚫겠다는 각오로 매일같이 서른 군데의 업체를 찾아갔습니다. 일주일을 넘기니 한 달도 문제없더군요. 과장이 아니라 정말로 그 세 달 동안 단 하루도 쉬지 않았습니다."

계약이 '쏟아져' 들어오기 시작한 것은 두 달째부터였다. 신인상은 결국 활동기간이 6개월에 불과한 이 팀장에게로 돌아갔다. 그의 판매실적은 연도대상(판매왕) 수상자보다도 2배 이상이나 많았다.

"일 년쯤 지났을까? 주행거리를 봤더니, 칠만을 뛰었더군요."

그는 순수하게 개척영업만 했다. 소개를 받거나 연고를 찾아가는 것은 처음부터 그의 코드와 맞지 않았다. 게다가 그의 한 해 평균 주행거리는 7만 킬로미터. 하루에 200킬로미터 정도를 돌아다녔으니 가히 강행군이라 할 만하다.

"2년마다 차를 바꾸어야 했습니다. 차가 버텨내질 못했지요. 얼마나 자주 타고 내리기를 반복했는지 1년이면 바지의 엉덩이 부분이 다 해졌습니다. 농담이 아니에요. 운전석의 가죽 시트가 삭아버릴 정도였으니까요."

10년 동안 단 한 번의 슬럼프도 겪지 않았다는 이 팀장은 2007년 또다시 판매왕에 등극한다. 그리고 그럼으로써 9년 연속 수상이라는 대기록의 주인공이 되었다. 생명보험의 만기는 보통 10년이다. 그런데 그는 10년 동안 9년 연속해서 영업왕의 자리를 차지했고, 그의 영업실적은 꾸준하게 상승곡선을 그려왔다. 하향세는 한 차례도 없었다. 현재 700여 개의 업체가 만기를 앞두고 있는 상황이며, 그 업체들의 관리만으로도 정년이 부족한 지경이다.

선비 집안의 영업인

이경은 1957년, 경북 안동에 있는 퇴계 종가집에서 태어났다. 조부는 대유학자였고 아버지는 당대 최고의 서예가였다. 그런데 그러한 선비 집안에서 나온 영업인이라? 의아할 법도 하다.

"당연히 가족들은 반대했지요. 내가 말주변으로 사람을 설득할 수 있는 사람이 아니라고 말입니다."

학업을 강요하는 집안은 아니었다. 6남매 중 아들로서는 막내인 그는 아버지의 대를 이어보겠다는 생각으로 서예와 한학에 몰두했다. 나름 특출한 필체를 갖기도 했다. 그러나 사춘기 무렵 구체적으로 진로를 결정해야 하는 시기가 왔고, 일단은 고교 진학반에 들어가 공부를 했다. 8명이 합격했는데 그도 합격자에 포함되었다. 하지만 그의 꿈은 아버지와 같은 서예의 대가가 되는 것이었다. 대학 진학의 필요성까지는 느껴지지 않았다고 했다.

"첫 회사에서도 그랬고, 부산방직에 있었을 때도 그랬지요. 회계과를 나온 친구들, 아니 심지어는 서울 상대를 나온 전임자들보다 인문계 고졸인 제가 더 인정을 받았으니까요. 단지 학력 때문에 진급이 늦어지거나 했다면 어떻게든 대학 진학을 하려 들었을 텐데, 상상도 못할 만큼 진급이 빨랐습니다. 보통 4년제 대학을 졸업하고 입사하면, 고등학교 졸업을 기점으로 최소한 4년에서 5년 만에 대리가 되는데 저는 1년 만에 대리가 됐거든요. 물론 저를 알아보고 전폭적으로 지원해준 분들 덕분이기도 합니다만, 어쨌든 무슨 일이든 일단 시작하면 끝장을 보려는 성격인지라 그때도 경리, 자금, 세무 하면 타의 추종을 불허할 정도였습니다. 단순히 간판을 위해 대학에 가고 싶지는 않았습니다."

고졸인 그는 당시 대졸 사원이 대부분이었던 경리부에서 가장 많은 보수를 받았다. 고졸 사원은 이경뿐이었다.

"서예의 대가가 되겠다는 꿈이요? 꿈은 언제든 바뀔 수 있는 게 아닐까요? 나이에 따라, 그때의 상황에 따라. 예술은 예술 그 자체만으로도 충분히 그 가치가 있다고 생각해요. 비싸게 팔렸다고 다 가치 있는 작품이라 할 수 있는 것은 아니잖아요? 그리고 개인적으로 저는 예술 작품을 사고파는 게 싫습니다. 먹고살기 위해 예술을 하고 싶진 않아요. 즐길 수가 없으니까요. 서예에 취미가

있고, 어느 정도 재능도 있다는 사실을 알게 된 것만으로도 충분
합니다. 물론 자신은 있습니다."

물통 세 개도 목마르다

이경 팀장은 표지가 해져 검은 테이프로 여러 번 덧댄 두툼한
파일 뭉치를 어디를 가든 항상 옆구리에 끼고 다닌다. 영업장이
따로 있지 않아서다. 아니, 보다 정확히 말하면 어디든 영업장이
될 수 있기 때문이다. 그는 지방 출장 중에 만난 시골 마을의 한적
한 도로변에 있는 공장일지라도, 그의 레이더망에 포착되었다면
서슴없이 그곳으로 달려가 문을 두드려본다. 어차피 확률은 반반
이다. 성공하거나, 실패하거나. 확률이라는 것은 결국 시도를 많
이 하면 할수록 높아지는 법이다. 성공할 확률을 높이기 위해서는
반드시 시도의 횟수를 늘려야 한다.

그러나 사실상 가장 큰 난관은 기업주와 테이블을 사이에 두고
마주 앉기까지에 있다. 보험사에서 왔다고 해보라. 면담은커녕 몇
걸음 떼기도 전에 여직원한테 커트당하기 십상이다. 하지만 그 단
계만 통과하면 성공 확률은 크게 높아진다. 그러므로 최소한 거기
까지는 가야 한다. 거기까지 가야 한 걸음 더 다가설 수 있다.

"특별한 상술도 없고 말주변도 없는 촌놈이지만, 일단 마주 앉

기만 하면 상대방에게 확고한 믿음과 신뢰를 줄 자신이 있습니다. 십오 년 가까이 경리부장으로서 기업주를 모셨던 경험이 큰 도움이 되었지요. 자금 문제를 다루어봤기 때문에 회사 상태가 어떤지 금방 짐작할 수 있어요. 업주들이 궁금해하고, 또 필요로 하는 게 무엇인지 누구보다 잘 읽어낼 수 있습니다."

그가 이야기하는 계약의 포인트는 세 가지다. 첫째, 믿음과 신뢰가 바탕이 되어 있는가. 둘째, 고객이 상품에 대해 충분히 이해하는가. 셋째, 자금여력이 있는 고객인가. 그는 매일같이 혀가 뻣뻣해질 정도로 고객과 상담을 한다. 그리고 일단 상담에 들어갔다면 상담 횟수는 가능한 한 3회를 넘기지 않는다. 대개는 2회 안에 판가름이 난다고 했다. 첫 번째 상담에서 계약이 이루어지기도 했다.

"항상 차에 물통을 두세 개씩 싣고 다닙니다. 그렇게 물을 마셔대는데도 대화에 몰입하다 보면 금세 또 입안이 마르지요. 물통 두세 개로도 부족할 때가 많습니다."

이경은 절대 전화로 상담 약속을 잡지 않는다. 일단 찾아가자는 주의다. '지나가다 생각나서 들렀어요.' 하면서 예고 없이 찾아가야 반가움도 커진다는 것이 그의 지론이다. 그는 일단 지역을 정해놓고 어떤 업체의 사장을 만날지 생각한 다음, 무작정 그곳을 찾아가 얼굴 도장을 찍는다. 그리고 그쪽이 특별한 스케줄이 없다면 반드시 식사를 대접한다. 현재 그가 관리하는 고객은 700여 개의 기업과 그에 속한 5,500명가량이다. 혼자서 관리하기에는 무리가 있지 않을까 싶은 숫자다.

"아직은 괜찮습니다. 물론 요즘은 후배들의 도움도 조금씩 받고 있지요. 성이 안 차 모든 걸 처음부터 다시 하는 경우도 많지만요."

그는 매주 월, 화, 수요일마다 시화공단과 남동공단에서 아침 조회를 주재하고 후배들과 함께 공단 현장을 뛴다. 사실 보험업계에서 후배 양성에 이처럼 열성적으로 나서는 경우는 찾아보기 힘들다. 대부분 '내 코가 석자'인 탓이다.

"경북 문경 출신 촌놈인 제가, 과연 혼자 잘나서 9년 연속 판매왕이 되었을까요? 절대 그렇지 않습니다. 지금의 저를 있게 한 것은 결국 고객과 회사지요. 제가 갖고 있는 영업 자산과 철학을 후배들에게 물려줄 때가 오지 않았나 하는 생각이 들었습니다. 이제 일반 FC들과 경쟁하는 시기는 지났지요."

미래에셋생명 명예의 전당에 오른 사람은 상무대우로 있는 그를 포함해 두 명이다. 현재 일선에서 물러난 그는 영업 관리만 중점적으로 하고 있다.

고객이 나를 만든다

베테랑 경리부장이기도 했던 이경은 작은 수첩 한 권으로 기업 2,500개를 관리하는 '비기(秘技)'의 소유자다. 그의 수첩에는 2,500개의 업체명과 업주명, 지역(공단 블록)은 물론, 단체보험 가입 실적의 필수 요소인 종업원 수까지 기록되어 있다. 또 특별 관리 대상은 빨간색 볼펜으로 표시해두었으며, 전체 내용은 연필로 기록하여 유망 업체를 중심으로 수시로 업데이트한다. 그럼으로써 죽은 기록이 아닌 살아 움직이는 정보를 만들어둔다. 실제로 그의 수첩을 펼쳐보면, 각 칸마다 여러 번 쓰고 지웠음을 확인할 수 있는 흔적이 희미하게 드러나 있다.

"큰 노트는 작은 수첩에 기록된 기업들 가운데 계약 가능성이 높은 곳들을 추려내 적어두고 특별 관리하는 용도로 씁니다. 업체의 경쟁사를 기록해놓기도 하고, 화분을 보내야 할 곳들을 표시해놓기도 하지요."

지나친 꼼꼼함 때문일까? 지난 10년 동안 그는 상으로 주어진 해외여행을 단 한 번도 가보지 못했다고 한다. 당연히 일요일도 없었다.

"단체보험은 철저한 사후관리가 필요한 상품입니다. 종업원이 바뀌면 곧바로 교체해주어야 하고요. 요청이 들어오면 그 즉시 처리해야 하니 평일과 주말이 따로 있을 리가 없지요. 저는 보상 처리와 시간을 최우선으로 생각합니다."

그러나 그와 같은 철저함 하나만으로 무조건 계약이 성사되는 것은 아니다. 실패를 모르던 그에게도 결과를 예측할 수 없어 속을 바짝 타게 한 '강적'이 있었다.

“화성에 있는 베어링 업체의 사장님이었지요. 교직을 은퇴하고 사업을 시작하신 분인데, 인품이 굉장히 훌륭하신 분이었어요. 찾아갈 때마다 한 번도 거르지 않고 차를 대접해주셨지요. 언제나 따뜻하게 맞아주셨어요. 그런데 막상 보험에 대해서는 명확한 답을 주시지 않는 겁니다. 차라리 분명하게 거부 의사를 밝히면 포기라도 할 텐데 말이지요.”

아무리 많아도 방문 횟수 3~4회면 계약을 성사시켰던 그였다. 기간으로 따지면 적어도 3개월 안에는 결판이 났다. 그런데 그 베어링 업체의 경우, 한 달에 한 번 꼴로 찾아가길 무려 5년이나 계속했다. 언제부터인가는 계약과 무관하게 좋은 사람과 좋은 인연을 맺고 싶다는 생각만으로 찾아갔다고 했다.

“제가 다니던 한덕생명이 SK생명으로 합병된 직후였어요. 이번에는 그분이 먼저 저를 부르셨지요. 열성은 높이 평가했지만 자신의 자산을 부실 보험사에 맡길 수는 없었기에 망설였다면서 그 자리에서 바로 직원 명단을 뽑더니 단체보험에 가입했습니다. 게다가 그분의 아드님 세 분과 심지어는 손자들까지, 온 가족의 종신보험까지도 제게 일괄적으로 맡기셨지요. 은행에 다니는 아드님이 있었는데도 말입니다. 덕분에 지사의 직원들, 그 직원들의 가족들까지도 저를 통해 보험에 들었습니다. 5년간의 기다림이 빛을 본 순간이었지요.”

이경은 버릴 것은 과감하게 버릴 줄 알되, 끝까지 품어야 하는 것, 근본을 이루고 있는 것은 지켜야 한다고 했다.

"양반가의 구시대적 사상이나 고리타분한 사고방식은 하루빨리 버려야 합니다. 하지만 본받아야 할 전통이나 사상은 반드시 지니고 살아야 합니다. 사람과 사람이 관계를 맺기 위해서는 그 근본이 흔들리지 않아야 하기 때문입니다. 보험도 일종의 철학입니다. 상호간의 믿음과 신뢰가 바탕이 되어야 하므로 근본이 흐트러지면 아무것도 이룰 수가 없습니다."

그는 인맥이라는 것은 결국 한정되어 있다면서, 자신과 아무런 상관이 없는 사람을 자기 고객으로 만들려면 고객이 될 사람에게 먼저 확고한 믿음을 줄 수 있어야 한다는 점을 강조했다.

"따라서 직업에 대한 자부심은 기본입니다. 자신한테 맞지 않는다고 생각하면 절대 성공할 수 없지요. 또 무한한 활동을 해봐야 합니다. 한계를 두지 말라는 얘기입니다. 여기는 이래서 안 되고, 저기는 저래서 안 되고 하다 보면 나중에는 정말 아무것도 할 수가 없게 됩니다. 끝으로, 자신이 파는 상품에 대해 완벽하게 알고 있어야 합니다. 적어도 그 상품에 관해서만큼은 박사가 되어야 하지요. 인간관계만으로 상품을 팔았다면 완벽한 판매라고 할 수 없습니다. 이제 보험은 억대 연봉의 고수익, 고학력 직종입니다.

수요자들이 전문 판매를 원하는 시대가 되었습니다."

작년까지만 해도 그는 55세에 은퇴하려고 했다. 그러나 어느 순간 은퇴는 그를 필요로 하는 고객들의 허락이 있어야 가능한 일이 되고야 말았다.

"새로운 영업 방식에 대해 구상해야 될 때가 왔지요. 55세가 되면 고향으로 내려가 조부님의 호를 딴 양정가 마을을 조성해보려고 합니다. 안동 하회마을처럼 말이지요. 제 고객들이 언제든 적은 비용으로 마음 편히 쉬었다 갈 수 있는 휴양지를 만들고 싶어요. 호수도 멋들어지게 꾸며놓을 생각이고요. 문경새재 산수가 아주 좋거든요. 전국에서 가장 오염이 안 된 곳이 바로 문경입니다. 게다가 중부고속도로를 타면 서울에서 한 시간 반 거리가 아닙니까?"

그의 꿈은 55세가 되면 실현될 것이다. 그리고 그때까지 체력이 허락하는 한 계속해서 일할 것이다. 그는 환하게 웃으며 항상 들고 다니는 수첩을 포켓 속에 집어넣었다. 누가 영업인을 각박하다 했던가? 그들은 열심히 사는 사람들보다 더 열심히 살아가려는, 촉촉한 꿈을 가진 아름다운 사람들이다.

2. 틈을 찾아내 비집고 들어가라

_강진호 좋은비타민 사장

"정말 미친 듯이 살았죠."

강진호는 제때에 공과금을 내본 적이 없다. 언제나 납기 후 금액으로 공과금을 냈다. 은행에 들를 여유가 없었다. 그 시간에 한 사람이라도 더 만나야 했다. 식사라고는 틈이 날 때 김밥을 사와 차 안에서 먹는 게 고작이었다.

"초창기에는 영업사원이 저와 김 사장님, 둘 밖에 없었어요. 매일같이 함께 차를 타고 전국을 돌아다녔는데, 저녁이 되면 숙소로 가 지도를 펴놓고 다음날 공략할 지역을 찾는, 그런 생활이 반복되었죠. 해야 할 일밖에 없는, 가능성이 무궁무진한 때였어요."

입을 연 그는, 처음부터 너무 쉽게 얻으려 하면 결국 아무것도 얻지 못할 거라면서 말을 이어나갔다.

"단순히 거래처에 넘기는 정보만으로 이익을 내려고 하면 안 됩니다. 분명한 노력이 있어야 대가도 따르는 것이죠."

약국에 들어가면, 판매할 제품이나 운영 시스템보다 비타민하우스가 어떤 회사인지를 먼저 설명해야 하는 시절이었다. 그만큼 인지도가 낮은 회사였다. 그는 당일 계약 2~3건을 목표로 하루 평균 30~40군데의 약국을 도는 강행군을 감행했다. 그 지역에서 가장 늦게 문을 닫는 약국이 문을 닫는 시간이 퇴근 시간이었다. 자정이 넘도록 약국을 찾아 헤매고 다닌 적도 많았다.

"마감을 하고 숙소로 돌아와 보면 그날 받은 명함만 서른에서 마흔 장씩 됐어요. 명함을 정리하고 기록하는 것도 일이었죠. 한번 방문했던 곳의 재방문 일정을 잡고, 소개받을 거래처 추려내고 하다 보면 새벽 두세 시가 다 됐어요."

2000년 8월, 그는 당시 그가 일하던 비타민하우스 광주 대리점의 김상욱 현 비타민하우스 사장과 함께 '비타민하우스' 브랜드를 걸고 새로운 사업을 시작했다. 그 전까지는 주로 병원 매점을 중심으로 영양식이나 드링크 제품 영업을 했었다. 그러던 중 의약분업이 되면서 '약국과 더불어 수익을 창출할 수 있는 모델이 뭐가 있을까?' 고민하다 아이디어 하나를 떠올린 것이다.

"진료는 의사에게, 약은 약사에게. 그렇다면 식품은? 건강식품은?"

약국 안에 영양사를 배치하고 고객이 영양사와 직접 식이요법 등에 대해 상담할 수 있는 창구를 만들자는 아이디어였다. 의약 분업은 약국 시장에 커다란 지각 변동을 일으키고 있었다. 병원 처방전을 받기 위해 수많은 약국들이 병원 주변으로 몰려들었고, 그만큼 약국들 간의 경쟁도 치열해졌다. 서비스의 차별화가 절실했던 약국들의 고민과도 잘 맞아떨어진 것이다.

"처음부터 이 사업이 성공할 것이라고 확신한 사람은 없어요. 일단 부딪쳐본 건데, 다행히 반응이 아주 좋았죠. 광주, 전남 쪽 약사들 사이에서 입소문이 난 거예요. 결국 제대로 조직도 못 갖춘 채 전국 확대에 들어가야 했죠. 부산, 경남 쪽으로 진출한 우리는 마침내 2001년 7월, 서울로 입성했어요."

광주 1호점 개설 후 비타민하우스의 가맹점 수는 빠른 속도로 늘어났다. 비타민하우스는 전국의 약국과 병원, 백화점과 할인점 등지에 4,000여 개의 가맹점을 둔, 연간 매출 400~500억 원을 기록하는 탄탄한 기업으로 성장했고, 2005년 1월 서울과 경기 지역을 관리하는 자회사인 비타민하우스 S&G를 맡게 된 강진호 사장은 2006년 12월, '좋은비타민'이라는 브랜드로 비타민하우스에서 독립했다.

"아직은 준비하는 단계죠. 직원은 열 명 정도 되고요. 비즈니스 자체는 비타민하우스와 유사해요. 다른 점이 있다면, 여기서는 비

타민 제품을 수입만 하는 게 아니라 제품의 OEM 생산도 한다는
것이죠. 비타민하우스에서 못 해본 제품들을 해보고 싶어요. 조만
간 홈쇼핑 쪽도 진행해볼 생각이에요. 최소한 올해는 지나봐야 알
것 같아요. 이제 시작이죠."

영업에도 강약이 필요하다

강진호 사장이 영업 전선에 뛰어든 것은 1999년, 24세 때였다.
갓 스무 살에 자원입대한 그는 1997년 11월 전역 후 곧바로 대우
전자 협력 업체에 입사했고, 지인의 소개로 1999년 6월, 비타민하
우스로 직장을 옮겨 본격적인 '영업'을 시작했다.

"대학은 들어갔지만 복학할 형편이 아니었어요. 하루빨리 사
회에 발을 담가 어떻게든 성공해야겠다는 생각뿐이었죠."

그의 첫 근무지는 약국과 병원 매점을 대상으로 드링크 제품을
파는 식품 대기업의 광주 지역 대리점이었다. 비타민하우스 S&G
의 전신이 된 곳이다.

"항상 주문을 외워요. 나는 어떤 일을 해도 된다. 나만 열심히
하면 분명 주위에서 도움을 줄 것이다. 저는 저 자신을 믿어요. 혼
자서 한 달에 1억 2,000만 원을 번 적이 있어요. 그때는 정말이지
주체할 수가 없을 정도였죠. 보통 매시간 매출정산을 머릿속으로

했거든요. 그런데 그때는 그게 불가능했어요. 그저 열심히 돌아다녔을 뿐인데, 많은 분들이 주위에서 도움을 줬어요. 내친김에 기록을 달성해보자는 의욕이 생겼죠."

당시 1억 2,000만 원이면, 비타민 한 병당 2~3만 원이었으니 매달 6~7,000개를 팔아치운 것이다. 실로 엄청난 양이 아닐 수 없다. 비타민 드링크라는 것이 있는지도 잘 모르던 시절이었다.

"의약 분업은 새로운 사업을 시작할 수 있는 최고의 기회였어요. 광주 1호점인 용문약국은 막 개업한 동네 약국이었죠. 그러니까 오픈과 동시에 비타민하우스를 유치한 거예요. 쉽진 않았죠. 영양사를 모집하기도 힘들었고. 알려지지 않은 회사였잖아요. 상대 약사들도 굉장히 고심했을 거예요. 관리 약사도 필요하고, 전산 직원도 있어야 하는데, 건강기능식품을 전담할 영양사를 배치했을 때 과연 수익이 날 수 있는 구조인가? 공고를 보고 왔다가 다단계를 의심하며 가버린 영양사들도 많았어요. 광주, 전남 지역에서 모집한 영양사가 열다섯 명이었거든요? 그런데 다섯 명 정도가 교육을 받다 그냥 나갔어요. 결국 남은 열 명가량을 실무진에 배치했죠. 약국과 계약을 타진할 때도 수익이 나지 않으면 우리가 적자를 메우겠다는 조항을 넣은 계약서를 보여주었고요."

입소문이 난 것은 광주점의 사례가 약사들이 보는 약업지와 약업 신문에 나가면서부터였다.

"예전에는 저의 공격적이고, 적극적인 면이 최대 장점이라고

생각했어요. 하지만 지금은 그렇지 않아요. 너무 공격적이고, 적
극적이면 상대방이 부담을 가지니까요. 대화를 나눌 때도 자신의
뜻을 제대로 전달하려면 강약이 필요하잖아요? 영업에도 적절한
강약이 필요한 것 같아요. 적절한 수위조절은 필수죠. 영업인을
탤런트라고 하는 데는 다 이유가 있어요. 상대에 따라 대사의 톤
도 조절해야 하고, 높여야 할 사람이 누구고 낮춰야 할 사람이 누
군지 순발력 있게 파악해야 하니까요. 영업은 누구나 할 수 있지
만 아무나 성공할 수 있는 일은 아니라고 하죠. 하지만 강약을 조
절할 줄 알게 되면 누구든 잘할 수 있는 게 또 영업이 아닐까, 하
는 생각이 들어요."

눈을 보면 알 수 있다

강진호 사장은 영업 8년차 베테랑이다. 서른셋이라는 나이가
무색하리만큼 빠르게 자신의 입지를 구축했다.

"3년쯤 되니까 보이더군요. 상대방의 주머니에 얼마가 있는지,
오늘 계약할 사람인지, 한 달 후에 할 사람인지, 카드로 결제할 사
람인지 현금으로 결제할 사람인지, 영양사를 쓸 사람인지 아닌지.
아마 그때부터였을 거예요. 계약률 100퍼센트가 된 게. 딱 들어갔
는데 계약을 못하고 나오면 엄청나게 자존심이 상할 정도였죠. 세

시간이 넘도록 한 자리에 서서 한 번도 말을 멈추지 않고 설득한
적도 있어요. 그만큼 자신이 있었거든요."

물론 이 같은 자신감이 그냥 생기지는 않았을 것이다. 미소를
띤 그는 자신감 넘치는 말투로 말했다.

"병원장이든 약사든 운영상에 어려움을 느끼는 부분은 반드시
있기 마련이죠. 저는 그에 대한 확실한 해결책을 갖고 있어요. 그
간의 노하우라고나 할까. 그러니 전혀 주눅들 이유가 없죠. 중요
한 것은 내가 먼저 상대방의 눈을 정직하게 바라볼 수 있어야 한
다는 점이죠. 상대방과 당당하게 마주볼 수 있어야 해요. 일단 이
눈을 따라와야 이쪽에서 칼자루를 쥘 수 있으니까요. 나 자신에
대한 믿음이나 자신감이 진심으로 상대에게 전달되고, 그것이 훗
날 이익 창출로 이어져야 상대방도 감동하지 않겠어요?"

허황된 말과 한탕주의식 접근으로는 상대방의 마음을 움직일
수 없다는 것이다.

"언제나 고객이 한 수 위죠. 그동안 고객을 거쳐 간 영업사원들
이 몇 명이겠어요? 수백 명은 될 걸요. 잔머리를 굴리다가는 퇴짜
맞기 십상이죠. 그러니 진심으로 자신을 팔 줄 알아야 해요. 거짓
이 없어야, 한 점의 부끄러움도 없어야 상대방의 눈을 똑바로 쳐
다볼 수 있는 거 아닌가요? 영양사를 면접할 때도 저는 다른 것보
다 이 사람이 얼마나 자신 있게 시선을 마주치는가를 봐요. 뭔가
문제가 있는 사람은 자꾸 시선을 피하거든요. 정직해야 한다는 애

기죠. 눈만 제대로 쳐다본다면, 아무리 바쁜 약사라도 바쁜 일을
제쳐두고 집중해줄 겁니다."

그는 스물네 살에 영업일을 시작했다. 사실 본격적으로 영업일
에 뛰어들기에는 이른 나이였다. 사회는커녕 사람을 알기에도 어
린 나이다. 그러나 나이는 역시 숫자에 불과했다. 가정불화로 인
해 가족들이 뿔뿔이 흩어지고 어머니에게 짐이 되지 않고자 군대
에 갔다 복학을 미루고 사회생활을 시작한 그는, 어설프게 대학
졸업장을 따기보다는 자신이 하고자 하는 일에 대해 전문가가 되
는 것이 더 중요하다는 사실을 남들보다 일찍 깨달았다. 반드시
대학을 졸업해야 하는 일이 아니라면 대학 공부는 필요 없었다.
일에 대한 열정과 의지와 끈기만으로도 충분했다.

"요즘 친구들, 인내심이 너무 없어요. 자기 성질대로만 하려고
하죠. 조금만 힘들어도 금방 포기해요. 겨우 거래처 한 번 가보고
때려치우는 경우도 부지기수죠. 헝그리 정신이 없다고 해야 하나.
그래서인지 성장과정에 큰 계기가 있는 사람한테 더 애착이 가요.
의지가 남다른 친구들이 많았거든요."

차별화를 꾀하라

일반적으로 제약 영업은 어렵다는 영업 중에서도 가장 험난한

분야라고들 한다. 구축되어 있는 시장이 워낙 견고해 뚫기가 쉽지 않기 때문이다. 강진호 사장은 웃으며 손을 내저었다.

"방법이 없는 건 아녜요. 다만 그 틈새를 잘 찾아내야죠."

그가 찾아낸 차별화 전략은 선결제 시스템과 영양사 제도였다.

"보통 제약 회사는 세 달에서 여섯 달, 많게는 일 년 회전율을 두고 보거든요. 우리는 발주와 동시에 결제를 받고 제품을 출고했어요. 다시 말해 먼저 돈을 줘야 물건을 갖다 주는 시스템이었죠. 칼만 안 들었지 강도가 아니냐는 항의도 있었어요. 하지만 일반 제약 회사들처럼 제품을 먼저 주고 결제가 될 때까지 여섯 달, 한 해를 그냥 놔두면 거래처뿐만 아니라 영업사원의 관심도도 떨어질 수밖에 없거든요. 결국 애물단지가 되는 거죠. 그런데 우리처럼 먼저 돈을 받고 물건을 내주는 시스템하에서는, 손해 보지 않으려면 반드시 팔아야 한다는 중압감이 생겨 약국도 영업사원도 최선을 다할 수밖에 없어요. 재구매가 되려면 우리도 어떻게든 방법을 모색해 회전을 시켜주어야 하니까요."

문제는 책임감이라는 이야기였다. 그는 책임감을 갖고 상대방 입장에서 생각하면 안 되는 일이 없을 거라고 자신 있게 말했다.

"물건이 안 팔리고 재고가 쌓이면 백 퍼센트 현금으로 환불조치 하겠다고 했어요. 계약서에도 조항을 넣고 재차 확인시켜줬죠. 자칫하면 사기꾼으로 몰려 쫄딱 망하게 될 수도 있었으니까요. 신뢰를 얻는 게 가장 중요했어요. 믿음을 쌓아야 했죠. 그렇게 여기까지 온 거예요."

영양사 제도는 김상욱 사장의 머리에서 나온 아이디어라고 했다.

"일종의 파견 근무죠. 기본급 책정은 회사에서 하지만, 엄밀히 말해 급여는 회사가 아닌 약국에서 주는 것이나 다름없어요. 인센티브는 회사와 약국이 반씩 부담하고요. 그러니까 제품의 매출 이익은 결국 약국에서 다 가져가는 것이죠. 의약 분업 시기와 딱 맞아 떨어졌어요. 입지가 좋지 않은 약국이 경쟁력을 갖추려면 차별화된 서비스가 있어야 했거든요. 약국에서 그런 역할을 해낼 만한 사람은 영양사밖에 없었어요. 영양사는 약국의 이미지를 좋게 만드는 데 일조하기도 했죠."

그의 영업 철학

강진호 사장은 영업을 하면서는 한 번도 슬럼프를 겪어본 적이 없다고 했다. 오히려 사장이 된 지금이 슬럼프라면 슬럼프라는 것이었다.

"그만큼 책임져야 할 사람이 늘어났기 때문이죠."

그는 자신의 영업 철학의 네 가지로 요약했다. 첫째, 겸손한 자세를 가져라. 둘째, 마음을 항상 열고 있어라. 셋째, 나만의 장점을 찾아라. 넷째, 마인드 컨트롤을 하라.

"겸손하지 않으면 발전할 수 없어요. 어느 위치에 있더라도 자신보다 나은 사람이 분명 있다는 사실을 받아들이고, 노력해야 발전하죠. 또 신입 때는 뭐든 받아들이려는 자세를 갖고 있는데, 시간이 가면 갈수록 자꾸만 틀 안에 갇히게 됩니다. 그 틀에서 벗어나 앞으로 나아가려면 오픈 마인드의 태도가 필요하죠. 그리고 새로운 뭔가를 창조하기 위해서는 자신만의 장점이 무엇인지 알고 있어야 해요. 누구나 최소한 장점 한 가지씩은 갖고 있거든요. 제일 어려운 게 마인드 컨트롤이에요. 영업은 다른 회사 조직과 판이하게 다르거든요. 업무의 변화 속도가 빠르다고나 할까? 그 와중에 자기 자신을 컨트롤하는 게 쉬운 일은 아니죠. 영업은 3, 6, 9 단위로 슬럼프가 와요. 그 시기를 극복하려면, 의지할 수 있는 사람을 회사 내에서 적어도 한 사람 정도는 만들어놓는 게 좋아요. 저한테는 김상욱 사장님이 그런 분이셨죠."

그러고는 영업 비결 하나를 더 알려주겠다면서 외모의 중요성에 대해 역설했다.

"누구나 그렇겠지만 제일 먼저 눈에 들어오는 것이 외모예요. 대화는 그 다음이죠. 처음 외모에서 받은 인상과 나중에 대화를 통해 파악해낸 것들을 비교해볼 때마다 느끼는 것인데요, 어긋나는 경우가 별로 없었어요."

옷차림이나 머리 스타일만으로도 어느 정도 상대방을 가늠해볼 수 있다는 이야기였다. 그가 직원들에게 항상 깔끔한 모습을 유지하라고 강조하는 것은 그래서다.

"외모와 대화를 통해 파악한 정보를 종합하면 그가 어떤 사람인지 거의 정확하게 판단할 수 있어요. 그 자리에서 바로 결정을 내릴 수 있는 사람인지 아닌지 말이죠. 소심하고 인색한 타입이라면 절대 그날은 계약을 못해요. 결정하기까지 꽤 오랜 시간이 걸리거든요. 지나치게 신중한 스타일의 고객은 피하는 게 좋아요."

강진호 사장은 영업이 무엇인지 알게 되자 모든 걸 얻었다고 했다.

"고객한테 먼저 연락이 올 때가 있어요. 특별한 이유가 있어서거는 게 아닌, 안부 전화 같은 거죠. 거래처라는 차갑고 딱딱한 관계가 아닌 일상에서 맛볼 수 있는, 따뜻한 인간미가 느껴지는 순간 보람이라는 걸 느껴요."

그에게 고객은 형이나 누나이자 동생이면서, 아버지나 어머니 같은 존재였다. 말 그대로 또 하나의 가족이나 다름없었다. 그는 가장 기억에 남는 고객으로 회사 근처에 있는 한 약국의 약사를 꼽았다.

"서울에 입성하고 김 사장님과 이 근처에서 합숙을 했어요. 가끔 드링크를 마시러 갔던 곳인데, 비타민하우스에 대해 잘 알고 계시더군요. 물론 고객도 많이 소개시켜주셨지만, 그보다 오래 알고 지낸 가까운 친구처럼 항상 밝게 웃으며 함께 기뻐해주셔서 참 좋았어요. 아마 이 동네에서 가장 먼저 문을 열고, 가장 늦게 문을 닫으시는 분일 거예요."

틈새를 볼 줄 아는 그는 작년 2월부터 약국을 대상으로 하는 온라인 쇼핑몰 개설 영업에 강한 드라이브를 걸고 있다.

"온라인으로 직접 일대일 상담을 하면서 건강기능식품을 함께 판매하는 형태죠. 이미 상당한 성과를 올리고 있고요. 전체 매출의 절반을 온라인이 차지하고 있다고 해도 과언이 아니죠. 개인 병원이나 약국을 찾는 환자의 수는 줄어드는데, 약국은 잘되는 곳으로만 몰려드니 경쟁이 치열해질 수밖에 없잖아요? 작은 동네라도 약국이 보통 대여섯 군데는 될 거예요. 동네 사람들만을 대상으로 하기에는 한계가 있어요. 시야를 넓힐 필요가 있죠. 틈새를 공략해야 성공할 수 있어요."

비타민하우스 특유의 추진력과 스피드로, 강진호 사장은 초심으로 돌아가 다시금 제약 영업의 왕좌를 향해 달려가고 있다. 그는 아직 젊다.

3. 영업 노트는 발로 쓴다

_박상일 기업은행 전 기업금융지점장

박상일 사장은 2006년 1월 은행에서 나왔다. 그러면서 고기집 '동굴과 화로구이' 가양점을 열었다. 애초 은행에 다니면서 부평점에 투자했었는데 은행에서 그걸 문제 삼아 영업 생활을 마감했다. 하지만 그는 과거 세심했던 영업 마인드를 통해 지금은 광명, 부평 부개, 가영 등 3개점까지 지점을 둔 사장으로서 큰 성공을 거두고 있다. 사실 그도 은행을 나올 때는 두려움이 있었다고 한다. 그러나 은행에서의 영업 경험은 음식점 경영에 큰 도움이 되고 있다. 그는 가양점 고객 1,000명의 이름을 외운다. 그의 음식점 성공담이 여러 매체를 통해 기사화되고 있는 것도 이상한 일이 아니다. 손님들은 그의 음식점의 음식은 몰라도 고객 관리가 정말 남다르다고 추켜세운다. 영업인 시절 몸에 밴 메모 습관으로 고객이 온 날짜는 물론, 고객이 원하는 서비스나 불만 사항까지 빠짐없이 체크해 다음에 찾아왔을 때는 훨씬 나은 서비스로 고객들을 사로잡고 있다.

박 사장이 손때 묻은 노트 10여 권을 테이블 위에 올려놓았다. 인천 남동공단에 있는 수백 개 중소기업들의 정보가 담긴 노트라고 했다. 이 노트로 그는 2004년 1월, 부임할 때만 해도 75개에 불과하던 지점 거래 업체를 169개로 늘렸다. 2배가 넘는 숫자다. 금액으로 따지면 1500억 원. 덕분에 공단 내 다른 은행들은 비상이 걸렸다.

그가 관리했던 기업을 가나다순으로 정리해놓은 노트에는 상상을 초월할 정도의 방대한 정보가 담겨 있었다. 이를테면 이런 식이다.

'에쿠스를 탄다. 철인3종 경기 출전. 검도 3단. 출신 학교는, 자녀는….'

거래 업체 사장에 관한 이 정도 정보는 기본이다. 방문 날짜별 진행 상황은 물론, 이전 거래 금액과 조건까지 세세하게 적혀 있다. 그는 어딜 가든 항상 이 노트를 들고 갔다고 한다. 상대를 알고 나를 알아야 백전백승이라지 않는가? 상대를 꿰뚫고 있는 만큼 영업에도 힘이 실리는 법이다.

"공단에 있는 공장이 사천 개쯤 됐지. 그중 칠십 퍼센트가 기업은행의 한 지점과 거래했고. 그러니까 기업은행과 거래하고 있지 않았던, 매출이 오십 억 이상 되는 기업체가 대상이 됐던 건데…, 오십 억 이하는 옆 지점에서 관리했고."

그는 특별히 오라는 곳이 없어도 일단 거래가 가능한 곳이라면 어디든 찾아갔다. 너무 자주 가면 오히려 역효과를 불러일으킬 수 있으므로, 일정한 기간을 두고 방문한다는 나름대로의 원칙이었다고 한다.

"역시 영업은 가서 직접 만나야 해. 전화만으로는 안 돼. 만나서 얘기하다 생각지도 못한 성과를 거둘 때가 있거든. 한번은 27억짜리 대출 건 하날 성사시켰어. 다른 은행과도 거래를 하는 고객이었는데, 이런저런 대화를 나누다 시화공단 경매를 받으려 한다기에 핸들링 해주겠다고 하면서 이쪽 조건을 제시했지. 그쪽은 충분히 다른 은행과도 거래할 만한 상황이었거든. 거의 매일같이 방문했지. 아마도 적절한 타이밍에 방문하지 않았다면 없었을 계약이었어."

그가 방문하는 업체는 하루 10~15곳 정도였다고 한다. 그는 매주 주말, 영업 노트를 훑어보면서 그 다음 주에 방문할 업체들과 관한 정보를 꼼꼼히 체크했다. 그리고 이렇게 만든 한 주간의 영업계획에 따라 매일같이 업체들을 방문했다. 무작정 찾아가는 것이 아니라 노트를 보고 계획적으로 움직였던 것이다. 영업을 시작한 해인 1992년부터 하루도 빼놓지 않은 일과였다고 한다.

"한번은 한 업체 사장님이 고맙다면서 점심을 샀어. 사업이 어느 정도 되니까 돌아다니기가 귀찮더라는 거야. 그래서 밖에 나갈 일이 생기면 직원을 대신 보냈었는데, 업체 네 군데를 들러 온다는 내 전화를 받고 정신이 번쩍 들었다고. 그날로 영업 전선에 다시 뛰어드셨다더군."

그는 마치 농부가 쟁기로 밭을 갈 듯 끊임없이 '필드'를 돌았다. 안 갈린 데가 있는지 꼼꼼히 살펴보면서. 그의 영업 노트가 힘을 발휘했던 진짜 이유다.

"얼굴을 마주하고 대화를 나눠야 필요한 게 나와. 그리고 메모를 잘해둬야 바로바로 캐치할 수가 있어. 물론 마구잡이 대화로는 그렇게 안 돼. 영업은 무조건 밀어붙인다고 되는 게 아니야. 밀고 당기기, 알지? 연애할 때도 그렇잖아. 너무 밀어붙여도 안 되고, 너무 매달려서도 안 돼. 너무 매달리면 우습게 본다고. 영업도 마찬가지야. 하고 싶어도 두세 번쯤 참았다가. 대신 끈기 있게. 포기하지 말고."

| 영업 노트로 달라지다 |

박상일은 1977년에 입행해 1992년에 과장으로 승진, 기업은

행 본점에서 1년 정도 근무하다 차장으로 나가 1997년, 공모에 의해 최연소 지점장이 된다. 영업 노트를 쓰기 시작한 것은 1992년부터다.

"본점에서 일했던 대리 때는 내가 맡은 파트에서만 명함을 받으면 됐는데, 차장이 돼 지점에서 근무하다 보니 명함이 하루에 이삼십 장씩 쌓이더라고. 지점과 거래하는 전체 고객을 다 만나게 되니까. 노트를 하나 만들어서 찾기 쉽게 정리해보자는 생각이 들었지. 메모하는 습관은 중학교 때 일기를 쓰기 시작하면서부터 생겼어. 오랫동안 몸에 밴 메모 습관이 영업 노트로 꽃을 피웠다고 해야 하나. 어쨌든 영업 노트를 쓰기 시작하니까 실적이 눈에 띄게 좋아지더라고."

그전까지만 해도 그는 그저 평범한 은행원에 불과했다. 일 잘한다는 소리 한번 들어보지 못했다고 한다. 그런데 영업 노트를 쓰면서부터 모든 게 달라졌다. 천성적으로 싹싹하고 열정적인 그의 성격도 그로 인해 빛을 보기 시작했다.

"영업 노트를 쓰면 이런 게 좋아. 가령, 반포에 산다는 걸 적어놓았다면 아직도 반포에 사시느냐, 집이 반포 어디쯤이냐, 질문을 던질 수가 있잖아. 사람을 처음 만났을 때 하는 얘기가 뭐야. 집이 어디냐, 고향이 어디냐, 그런 거잖아. 그런데 만날 때마다 어디냐고 묻는 사람들이 있어. 그럼 영업은 물 건너 간 거지. 고객한테 신뢰를 줄 수가 없잖아. 사소한 데서 따는 점수가 사실은 가장 크단 말이야."

그는 영업 노트의 가장 큰 장점 가운데 하나로 구체성을 들었다.

"무턱대고 업체를 방문하면 대화가 추상적으로 나갈 수밖에 없어. 저희 은행 좀 도와주시오, 할 말이 이것밖에 없다고. 하지만 나는 구체적으로, 점을 딱 찍어서 말을 하지. '저희 은행과 거래를 하고 계시기는 한데 퇴직 신탁이 없으시다. 이러저러한 점 때문에 이게 필요하니 가입하시라.' 구체적으로 말할 수가 있다는 거야. 그때그때 메모를 해두면 이것저것 사소한 정보들을 꾸준히 축적할 수 있잖아? 업체에 대한 과거와 현재의 모든 정보가 노트에 있으면 그 자리에서 모든 걸 상담하고 해결해줄 수가 있어."

영업 노트는 대출 리스크를 관리할 때도 큰 도움이 된다고 했다. 발품을 팔아 두 손으로 직접 수집한 정보이므로 이보다 확실한 신용평가 자료는 없다는 것이다. 박 사장은 도와줄 곳은 화끈하게 도와주되 아닌 곳은 확실하게 선을 긋는 스타일이다. 그래서인지 트러블이 생긴 대출 기업은 단 한 군데도 없었다.

"예전에 문제가 된 업체는 신용보증기금에서 소개받은 곳이었어. 업체 쪽에서 추가 대출을 원한 거지. 하지만 해주지 않았어. 사장이 나이가 어렸는데, 행동이 좀 미심쩍더라고. 어쩐지 신뢰가 가지 않았지. 그래서 보증서만큼만 해주고 말았어. 문제가 생기긴 했지만 다행히 은행은 피해가 없었지."

　｜　영업의 90%가 노트에서 완성된다　｜

박 사장은 업체를 방문할 때마다 항상 고감도 안테나를 켜고 들어갔다. 보이는 모든 것이 관찰과 기록의 대상이었기 때문이다.

"평범하고 보편적인 내용은 적지 않아. 넘쳐서 특징이 될 만한 부분들. 예를 들어 매우 친절하다, 수완이 좋다, 상당히 건방지다, 아주 거만하다, 이런 걸 적어두지. 가끔 쓸데없이 대통령이나 제도 탓을 하는 사람들이 있어. 그러면 '대통령 엄청 싫어함' 이렇게 적어놓지. 괜히 그 사람 앞에서 대통령을 칭찬할 필요는 없잖아? 하지만 신용도에서는 마이너스야."

영업 노트는 그 자체만으로도 고객들에게 좋은 인상을 준다. 저 정도라면 우리 업체를 맡겨도 되겠구나, 안심하게 만드는 힘이 분명 있다.

"증명이 되니까. 말만 번지르르하게 하는 사람이 아니라는 걸 딱 보여주잖아, 이게. 믿음이 간다는 거야. 그리고 영업하는 사람들 얼마나 바빠. 정신없잖아? 자칫하면 고객과의 약속을 까먹기도 한단 말이지. 하지만 철저하게 메모를 해두고 일정을 조정하면 절대 그런 일이 안 생겨."

그는 영업의 90퍼센트는 노트에서 완성된다고 했다.

"역사란 게 뭐야. 과거에 있었던 사실을 기록해놓은 거잖아. 후손들이 보고 교훈으로 삼을 수 있도록 말이야. 어떻게 보면 노트는 그 회사와 나와의 교제의 역사야. 앞으로 일어날 일들도 미루어 짐작할 수 있게 해준다고."

메모를 할 때 주의해야 할 점은 해야 할 것과 하지 말아야 할 것을 잘 구분해 적어야 한다는 것이다. 당연히 활용도가 떨어지는 시시콜콜한 내용까지 다 적을 필요는 없다. 종이 낭비, 정력 낭비, 시간 낭비다. 그러나 또 너무 허술하게 적으면 노트를 들고 다니는 의미가 없어진다. 센스가 필요하다는 것이다.

"노트를 정리하는 데 걸리는 시간은 20분 정도. 사실 시간이 많이 걸리는 일은 아니야. 그날그날 새로운 정보를 추가하는 정도니까. 물론 지점을 옮기면 거래 기업 명단을 뽑아 정리해야 하니 시간이 좀 걸리겠지만 그 때만 그렇지. 주로 샤프로 써. 심이 가늘어서 감정이 조금만 흔들려도 부러지거든. 감정 상태를 눈으로 확인할 수 있게 되지. 차분하게 앉아서 노트를 정리하다 보면 기억도 더 잘 되는 것 같아. 다들 컴퓨터를 쓰라고 하는데, 항상 가지고 다니면서 언제 어디서나 간편하게 펴볼 수 있는 건 그래도 노트뿐이잖아? 난 아직 노트가 편해."

그는 엄청난 메모광이다. 그가 중학교 때부터 지금까지 쓴 독서 노트만 200여 권에 이른다고 하니 적어도 메모에 있어서만큼은 확실히 보통 이상이다.

노래방 기계가 생겨 지금은 필요 없게 됐지만, 한때는 노래 가사만 적는 노트를 따로 만들기도 했다. 대학 시절에는 목표 관리 노트라는 것을 썼다. 서울대학교 대학원 경영학과 진학을 준비하며 매일매일 목표 대비 달성 정도를 기록하는 노트였다. 테니스 시합 노트라는 것도 있었다. 누구와 경기를 했고, 점수는 어땠는지 기록하는 노트였는데, 실제로 박 사장은 전국 대회에서 여러 번 우승한 바 있는 아마추어 테니스 선수다. 그는 기록을 해야 테니스도 더 열심히 치게 된다면서 껄껄 웃었다.

"물컵도 무신경하게 그냥 놔두면 어느 순간 물이 새나가게 되어 있어. 언제 컵에 금이 갈지 모르고, 증발도 새나가는 것이라 치면 말이야. 고객도 마찬가지야. 내가 아무리 잘 해도, 고객은 마음에 들지 않는 한 가지 때문에 이탈할 수 있어. 다른 곳이 더 좋은 조건을 제시해 뺏길 수도 있고."

그가 진지한 얼굴로 말을 이었다.

"그럼에도 불구하고 내가 어느 정도 이상의 고객 수를 유지했던 이유는, 좋은 고객이, 즉 맑은 물이 가급적이면 새어나가지 않도록 철저하게 관리하면서 동시에 끊임없이 맑은 물을 부었기 때문이지. 나이가 들면 더 이상 자신의 능력만으로는 일을 할 수 없는 시기가 오게 돼. 한계가 있기 마련이지. 하지만 영업은 좀 다른 것 같아. 새로운 고객을 만나면 결국은 또다시 해내게 되더라고. 어떤 일이든 새로운 유입이 있으면 활기도 넘치는 법 아니겠어? 다 마음먹기 나름이야."

　박 사장은 영업을 잘한다. 더 이상의 수식은 사족이다. 그에게는 '나와 거래하지 않으면 고객이 손해다'라는 식의 확고부동한 자부심이 있다. 그는 업체들과의 친밀도가 높아, 자신의 일이 아니어도 업체가 부탁해오면 직접 업체끼리 연결해주기도 했다고 한다. 말하자면 친해둔 이들을 등에 업고 나가는 타입이다.

　그와 이야기하면 안 되는 일이 없다. 그러니 고객들도 그를 우습게 볼 수가 없다. 게다가 언제나 밝고 긍정적이고 적극적인 자세로 도우려 드니 그를 좋아하지 않을 수가 없다. 그런데 또, 무조건 오케이는 아니란다.

　"거절의 미학도 필요해. 이율을 낮춰달라고 하면 최소한 낮추려는 시늉이라도 해야지. 가능하다면 0.01퍼센트라도 내려주고. 그래야 고객도 체면이 서는 게 아니겠어? 어쨌든 거절할 때는 최대한 정중하게, 왜 안 되는지 조목조목 이유를 대가면서, 하지만 가능한 한 빨리, 망설임 없이 대답해야 해. 그래야 고객도 기분 나빠 하지 않아. 제일 안 좋은 게 '되는 것도 아니고 안 되는 것도 아닌데…….' 하면서 얼버무리는 거야. 나는 딱 봐서 괜찮다 싶으면 뜸들임 없이 시원하게 해줘. 고객도 시원시원하게 거래하기를 원한다고."

　그가 앞에 놓인 커피잔을 들어보였다.

“고객이 지점장한테 ‘커피 한 잔 마셔도 되겠습니까?’ 할 때가 있었어. 그런데 그때 속으로, ‘나보고 타달라는 건가?’ 하면서 ‘글쎄요.’ 라고 하면 안 되는 거야. 별거 아니잖아? 그냥 ‘커피요?’ 하고 커피믹스 딱 갖다 주면서 ‘뜨거운 물은 저기 있습니다.’ 하면 되는 거야. 뭐든 시원시원하게.”

그는 구차하게 영업하면 안 된다고 잘라 말했다. 바람직한 영업인의 태도가 아니라는 것이다. 그는 품위 있는 영업, 당당한 영업을 해야 한다면서 고객과 내가 윈-윈 하는 영업 전략의 필요성을 강조했다.

“나는 지금도 그렇지만 과거에도 여름 양복이 한 벌밖에 없었어. 지점장 회의 때 입는 것. 그 더운 여름 날 긴팔 양복에 넥타이에, 생각만 해도 끔찍하지 않아? 에어컨 빵빵하게 나오는 사무실에서 나가기가 싫어진다고. 그래서 나는 여름에 반팔 와이셔츠만 입었지. 예의에 어긋난다고 할 수도 있겠지만 일단 사무실에서 나가야 한 명이라도 더 만날 거 아냐. 그리고 불편하지 않게 다녀야 능률도 오르지 않겠어? 고객이 떠난다고 할 때 웃으면서 보내려면 먼저 자기 자신에 대해 당당해져야 해.”

연애든 고객과의 거래든, 한쪽이 돌아섰을 때 보일 수 있는 반응은 대개 두 가지다. 매달리거나, 보내주거나.

“떠나려는 고객을 붙잡으려면 이율을 낮추든가, 아니면 무리한 조건이라도 들어줄 수밖에 없어. 영업인으로서 자존심 상하는 일이지. 그러니까 웃으면서 보내주고 당당하게 영업하자는 거야. 당연히 그만한 영업력이 뒷받침 되어야겠지만. 고객이야 또 발굴하면 되는 거잖아? 물론 중요한 고객은 놓치지 말아야지.”

이야기를 마친 박 사장은 다시 노트를 펼쳤다.

“영업은 ‘실적으로’ 가 아니라 ‘모르는 사무실을 아무런 거리낌 없이 두드리고 들어갈 수 있을 때’ 완성되는 거야. 우선은 필드를 뛰면서 부딪쳐보는 수밖에 없어. 시행착오를 겪으라는 거지. 누군들 싫은 소릴 듣고 싶겠어. 하지만 영업은 고객한테도 싫은 소리를 해야 할 때가 있어. 그걸 못하면 어려워지는 거야. 답이 안 나와. 영업은 열심히만 한다고 해서 되는 일이 아니야. 어떤 친구들은 열심히 않는 것 같은데도 실적을 딱 올려오거든. 그러니까 자신감, 자신감이 있어야 해.”

그는 말아 쥔 주먹을 내보이며 자리에서 일어났다. 손님이 온 탓에 다시 노트를 옆구리에 끼고 뚜벅뚜벅 걸어 나갔다. 당당해 보이는 뒷모습이었다.

3장

가장 인간적인 것이 가장 영업적이다

신규 고객 창출 프로젝트

9 788952 208088
SALES

1. 타입을 파악해 경제적으로 공략하라

_이주현 한국화이자제약 MR

이주현 MR(Medical Representative)은 의사들의 성향을 네 가지 타입으로 분류했다. 에미어블(우호형), 드라이버(주도형), 익스프레시브(표현형), 아날리티칼(분석형). 심리학에서 나온 일반적인 분류법이다.

에미어블 타입은 인간적으로 접근할 필요가 있다. 먼저 친밀감을 형성한 다음, 과학적인 데이터를 제시하는 식이어야 한다. 반면 드라이버 타입은 거두절미하고 즉시 본론으로 들어가길 원한다. 쓸데없이 날씨에 대한 얘기부터 꺼냈다가는 핀잔을 듣기 십상이다. 시간에 쫓기는 일이 많은 의사들은 아마도 대부분 드라이버 타입일 것이다. 익스프레시브 타입은 말하기보다는 듣기에 집중해야 한다. 알아서 먼저 이야기하는 타입이므로 잘 듣고 성실하게 빠짐 없이 답변만 할 수 있으면 된다. 단 아날리티칼 타입은 임상 정보를 제공할 때 출처나 근거를 명확하게 밝혀주어야 한다. 그들은 객관적인 '사실'만을 신뢰한다. 철저한 준비가 필요한 타입이다.

"모든 사람을 열 수 있는 마스터키는 없어요. 100명의 사람을 열려면 100개의 열쇠가 있어야 하는 게 영업이죠."

그녀는 일단 고객들의 성향을 분석해보았다.

"고객을 유형별로 분류해 체계적인 영업 매뉴얼을 만들어보자는 생각이 들었어요. 물론 객관적이고 정확한 성향 파악을 위해서는 테스트가 필요하죠. 하지만 개별 테스트는 현실적으로 불가능해요. 심리학 리포트나 논문을 쓸 것도 아니고요. 우선은 그간의 경험과 메모를 바탕으로 유사한 성향을 가진 고객들끼리 묶어봤어요. 묶어놓고 보니 크게 네 가지 타입으로 나눌 수 있겠더군요."

그러나 사람의 성향은 복합적이다. 네 타입으로 명확히 구분하기에는 무리가 있다. 그녀는 네 타입을 두 타입씩 연관지어, 이를테면 '에미어블-아날리티칼'은 우호적이면서도 꼼꼼하고 분석적이라는 식으로, 다시 열여섯 가지 타입을 만들어냈다.

"주관적인 판단일 수도 있지만, 영업은 역시 경험인 것 같아요. 원칙은 어차피 하나라고 생각해요. 고객의 니즈를 제대로 파악하고 원하는 바를 충족시켜라. 선생님들이 그러세요. 눈치가 참 빠르다. 결론만 딱딱 얘기하고 넘어가니 쓸데없는 소리 하면서 시간 낭비할 일 없어 좋다. 드라이버 타입들이죠."

그녀는 유형별로 분류한 고객들을 다시 A, B, C 등급으로 나누었다. 그리고 자신이 세운 기준에 따라 각각 다른 판매 기술을 적용하는 방식으로 영업을 해나갔다.

"A 클래스, 즉 저희 약을 처방할 가능성이 높은 분들은 적어도 1~2주에 한 번 정도 찾아뵙고 있어요. 아무래도 처방하려는 의지를 보이는 분이나 환자 수가 많은 병원 위주로 영업을 하는 게 효과적이지 않겠어요? 환자도 별로 없는데 자주 찾아가봐야……, 눈칫밥 먹기 딱 좋죠. 환자 수가 많은 병원에 가면 처방을 이끌어내기가 쉬워요. 당연히 이것저것 챙겨드리는 것도 많을 수밖에 없고요. 가능성이 높은 곳에 집중 투자하는 거죠."

2004년 2/4분기 '톱 퍼포머' 전국 4위를 차지한 그녀는, 이듬해인 2005년, 마침내 '스피리바' 판매 전국 1위라는 실적을 올리며 회사로부터 그 능력을 인정받는다. 이 일을 계기로 그녀의 담당 영역은 '의원'에서 '종합 병원'으로 확장되었고, 그녀에게는 자신의 역량을 발휘할 더 큰 기회가 주어졌다.

"매출이 100퍼센트나 늘었어요. 이제야 조금 자신감이 생긴 듯하네요. 문전박대 당하는 거……, 아무 일도 아니라고 웃으면서 얘기했지만 솔직히 부끄럽고, 심적으로 굉장히 힘들거든요. 몇 번을 허탕치고 나서 겨우 만나잖아요, 그럼 자꾸 제 얘기가 나오려

고 해요. 그런데 그렇게 약한 모습을 보이면 더 이상 그분한테는
약을 팔 수 없게 되요. 속으로 눈물을 삼킬 수밖에 없었죠."

건강을 돕는 건강한 발

그녀는 1981년생이다. 그녀가 부산 지역 판매 랭킹 1위를 차
지하고 COPD(만성폐쇄성폐질환) 치료제 분야 전국 1위라는 실
적을 냈던 해, 그녀의 나이는 불과 스물넷이었다. 일을 시작한 지
1년밖에 안 된 애송이였다.

"한국화이자 입사 자체가 행운이 아니었나 싶어요. 어딜 가도
'지방대' 출신 '여자'는 힘들지 않나요? 원서 내고, 면접 본 곳만
해도 50군데는 됐을 걸요. 다 때려치우고 집 안에 틀어박혀 있고
싶은 심정이었습니다. 하지만 백수로 계속 있을 수는 없잖아요.
하반기 취업시즌이 끝나고 한참 괴로워하고 있는데, 한국화이자
공고가 눈에 띄더군요. 다른 건 안 보고 능력만 본다기에 일단 원
서를 냈습니다. 금세 합격 통보가 날아왔고요."

그러나 입사 후에는 고강도 교육이 뒤따랐다. 난생 처음 들어
보는 의학 용어들로 머릿속이 복잡해진 가운데, 교육은 16주 동안
말 그대로 '강행'되었다.

"커트라인이 85점이었습니다. 점수가 미달되면 재시험을 쳐야

했죠. 보통 새벽 서너 시까지 책을 붙들고 있다 잠이 들었어요. 지방에서 올라온 사원들을 위해 회사 차원에서 회사 근처에 호텔방을 잡아줬었거든요. 동기들과 제대로 된 대화를 나눠볼 시간조차 없을 만큼 일정이 빡빡했습니다. 주말에는, 근처에 구립도서관이 있었거든요? '나만 왔겠지.' 하고 가보면 동기들이 다 거기 모여 있는 거예요. 자극이 많이 됐죠. 그때 배운 것들이 지금도 '필드'를 뛰는 데 가장 큰 힘이 됩니다."

교육이 끝나고 그녀가 맡은 곳은 부산 동래구와 금정구, 경남 양산시에 있는 소규모 동네 클리닉들이었다. 당연히 대형 종합 병원보다는 발품을 많이 팔아야 했다.

"병원으로 의사 선생님들을 방문하는 걸 '콜'이라고 하는데, 평균적으로 하루에 12콜 정도 나가요. 급한 때는 20콜 이상 나가기도 하고요. 하도 여기저기 다녀서 그런지 굳은살도 많이 박이고……, 발이 참 못생겨졌어요. 보세요, 한 달 전에 구두를 샀는데 벌써 두 번이나 굽을 갈았거든요."

못생겼다기보다는, 건강해 보이는 발이다. 건강치 못한 이들의 건강을 위해 뛰어다니는 발이라인지 건강한 발보다 더 건강한 느낌이다. 그녀의 주력 품목은 통증 관련, 호흡기 관련 전문 의약품으로, 신경 요인 통증 치료제인 세계적인 블록버스터 '뉴론틴'과 COPD 치료제인 '스피리바'다.

"전문 의약품 영업은 병원이나 약국에다 직접 약을 파는 일이 아니에요. 간단하게 얘기하면, 의사 선생님들로 하여금 우리 제품을 처방하게 하는 일인데, 다시 말해 '이런 통증에 이와 같은 효과가 있다.' 이런 식이죠. 약의 효능이나 안전성을 증명하는 임상 논문들을 소개하고, 과학적인 데이터를 리뷰해드림으로써 의사 선생님들이 안심하고 보다 많은 처방을 내릴 수 있도록 유도합니다."

한마디로 '약 외판원'과는 거리가 있다는 설명이다. 실제로 그녀의 직책인 'MR'은 '메디컬 리프리젠터티브(medical representative)'의 약자로 의사들에게 의학 관련 정보를 제공한다는 뜻을 담고 있다. 그렇다면 실적 비교는 어떻게 할까?

"매출은 담당 지역 약국의 약품 판매량을 보면 알 수 있어요. 매달 회사에서 실제 처방(판매) 통계가 나오니까요. 의사 선생님들이 처방을 많이 하면 할수록 인근 약국에서의 판매량도 늘어나겠죠? 중점을 두고 보는 부분은 판매량이 아니라 달성률이에요. 과거의 자료를 참조해 미리 정해놓은 목표치를 얼마나 달성했는지 보는 거죠. 스피리바의 경우도 실제 판매액은 생각보다 많지 않아요. 월 팔백에서 천만 원 수준이거든요. 하지만 달성률은 272퍼센트였어요. 전문 의약품 같은 경우, 정보가 넘치는 서울에 비해 지방의 판매여건은 열악할 수밖에 없어요. 판매액으로 실적을 비교하기에는 무리가 있죠."

사실 영업 사원은 어딜 가도 처음에는 환영받기 힘들다. 그러나 나중에는 누구보다 환영받기도 하는 사람이 또 영업 사원이다. 무슨 일이 그렇지 않겠느냐마는, 영업 역시 다 자기하기 나름이다.

"명함을 드렸는데 보는 데서 던져버린 분도 있어요. 마음이 상하는 정도가 아니죠. 하지만 그 순간 굳은 얼굴로 어찌할 바를 몰라 하면 다시는 그 선생님을 못 봐요. 독하게 마음먹어야 하죠. 이앙다물고, 더 당당하게, 더 씩씩하게 큰 목소리로 이야기했더니 어이없다는 듯이 웃으시더군요. 환자도 많고, 우리 약 처방도 많이 하시는 분이었는데 그런 식으로 저를 대할 줄은 몰랐어요. 게다가 그렇게 무안을 줘놓고 다음날 찾아가면 모른 척 하시는 거예요. 처음 보는 사람인양."

그녀는 홍조를 띤 얼굴로 말을 이었다.

"그래서 그랬죠. 저 기억 못하세요? 뉴론틴이에요. 성이 '뉴'고 이름이 '론틴'인데. 방문할 때마다 뉴론틴, 뉴론틴 아주 노래를 불렀죠. 제가 맡은 제품 중에 가장 비중이 큰 게 '뉴론틴'이거든요. 아무리 '이주현'이라고 말씀을 드려도 기억을 못하시더라고요. 그래서 그런 건데, 이제는 갈 때마다 농담처럼 뉴론틴 또 왔냐고 그러세요."

억울한 일이 있으면 금정산에 올라가 고래고래 소리를 질렀다는 이주현 MR이다. 그 의사와 요즘에는 '금정산' 이야기도 스스럼없이 하는 친한 사이가 되었다면서, 영업이란 게 다 그렇지 않느냐며 여유 있는 미소를 지어 보였다.

"책 때문에 친해진 선생님도 있어요. 말 자체는 귀담아 들어주시는 것 같은데 제가 하는 이야기에는 그다지 관심을 보이지 않는 분이었죠. 그러던 어느 날, 그분이 틈틈이 인문 서적 읽기를 즐기신다는 말을 들었어요. 그래서 그때 한참 읽고 있던 《파인만 씨는 농담도 잘하서》 얘길 슬쩍 꺼내보았죠. 그런데 그때부터 제가 하는 이야기에 관심을 갖기 시작하시는 거예요. 결국은 한 달에 한 번씩 권장도서를 정해 그 책 얘길 하기로 했어요. 일단 친밀감이 생기고 신뢰가 형성되니 그 다음은 자연스러워지더라고요. 제품에 대한 설명도 수월해졌고요."

경청은 거창하고 힘든 일이 아니다. 상대방이 좋아하는 것, 상대방의 취미를 기억하는 것으로부터 시작되는 작고 쉬운 일이다. 영업하는 사람은 '배려'를 늘 가슴속에 품고 살아야 한다. 그래야 환영받을 수 있다.

"콜을 할 때도 시간대를 잘 선택해야 해요."

그녀는 환자가 가장 많은 월요일 오전에 방문하는 것은 절대 금물이라며, 만나기 힘든 의사들을 만나려면 환자가 제일 적은 시간인 정오에서 1시 사이에 방문하는 것이 좋고, 요즘은 저녁 늦게까지 진료하는 클리닉이 많아져 늦은 시간까지 기다려야 할 수도 있으나, 차라리 그날 진료가 끝날 때쯤 찾아가는 것도 좋다고 했다.

"제약 영업에 대해 안 좋게 생각하는 분들이 많아요. 아무래도 피상적으로 알고 계신 분들이 대부분이라……. 하지만 가까이에서 항상 저를 지켜보고 있는 부모님은 오히려 걱정이 없으세요. 그저 여느 부모님들처럼 찬바람에 감기 들지나 않을지, 꽁꽁 언 발로 종일 걸어 다니느라 고되지 않을지 걱정하시는 정도죠. 다만 언젠가, 누가 제 발을 주무르는 듯한 손길이 느껴져 자다 깬 적이 있습니다. 아버지였죠. 눈물이 났지만 계속 자는 척 했어요. 더 열심히 해야겠다 싶었죠."

| 자부심은 책임감으로부터 나온다 |

제약 영업은 접대가 성공 여부를 결정한다느니, 영업 사원들은 술 접대로 몸이 축난다느니 어쩌니 하는 이야기를 종종 듣게 된다. 사실이야 어떻든 제약 영업이 결코 녹록한 일이 아님은 분명하다. 그러나 이주현 MR은 의외의 대답을 내놓았다.

"어림없는 일이죠. 아니, 그렇게 하고 싶어도 할 수가 없어요. 회사에서 용납을 하지 않거든요. 선물 규정도 까다롭고, 식비도 몇 만 원 이하로 정해져 있어요. 고객에게 식사를 대접했을 때는 어떤 목적으로 만나서 무슨 설명을 했는지 반드시 보고해야 하고요. 술대접은 당연히 안 됩니다. 물론 영업 '툴'이 없어 어려운 점들도 있어요. 간단하게 해결할 일을 복잡하고 번거롭게 해결하는 것일 수도 있으니까요. 하지만 과학적인 데이터나 정보로만 승부하는 게 저한테는 오히려 편해요. 여자임에도 불구하고 제약 영업이 가능한 것은 그 때문이기도 하고요."

그녀는 어디서나 늘 당당하다. 고객인 의사들이 그녀에게 요구하는 것도, 요구라고도 할 수 없는, 당연히 공유해야 할 과학적인 '정보'들이다. 또한 그녀의 역할이 환자들을 처방할 의사들에게 도움을 주는 것이므로 궁극적으로는 고객을 위한 일이다. 충분히 자부심을 가질 만하다.

"자부심과 책임감은 뗄 수 없는 사이라고 생각해요. 자부심이 있는 만큼 책임감이 생기기도 하고, 반대로 책임감이 있는 만큼 자부심이 생기기도 하니까. 한 지역에 대해 책임을 진다는 게 무섭기도 하면서 한편으로는 매력적이에요. 의사 선생님들마다 그에 맞는 전략을 세우고, 전략에 대해 책임지고……. 기획부터 감독, 실행에 이르기까지 혼자서 멀티 플레이를 하는 거잖아요. 책임감이 사라지는 순간 자부심도 소멸되겠지만 말이죠."

그녀는 매주 한 차례씩 새로 나온 의학 논문을 읽는 세미나를 갖는다. 한 달에 한두 번꼴로 발제도 하고 시험도 보고, 시험 점수가 미달되면 재시험을 보기도 한다.

"친구들과 얘기하고 있는데도 무의식적으로 의학 용어가 튀어

나올 때가 있어요. 입에 붙은 거죠. 처음보다 공부하기도 훨씬 수월해진 것 같아요. 이 공부도 점점 가속도가 붙는다고 해야 하나."

어렸을 적부터 활발한 성격에 사람 만나는 걸 좋아했다는 그녀는 경영정보학과 학생이었던 대학 시절, 레스토랑과 중소기업을 돌아다니며 마케팅 전략을 짜는 프로젝트 수업이 가장 재미있었다고 했다. 나중에는 동아리까지 만들어 활동을 했다고 하니 영업이나 마케팅에 대한 그녀의 관심이 얼마나 지대했는지 어느 정도 짐작이 가능하다.

"일주일에 한 번, 사무실에 나가 영업 상황을 브리핑합니다. 기본이 재택근무라, 그 외의 일들은 제가 알아서 진행하게 됩니다. 다만 제가 맡은 지역은 전적으로 제 책임이에요. 처음에는 겁이 났죠. 그 지역에서 매출이 떨어지거나 우리 제품에 대한 평가가 부정적이 되면 모든 책임을 저 혼자 져야 했으니까요. 최소한 그곳에서만큼은 제가 사장이자 관리자였습니다. 해이해진다는 건 상상조차 할 수 없지요. 앞서 말씀드렸다시피 이 점이 이 영업의 가장 큰 매력이에요."

그녀는 세미나 준비를 해야 한다면서 일어나 자료들을 챙겼다. 영업이 재미있고, 영업을 공부하는 게 재미있다는 그녀의 꿈은 첫 여자 지점장이다.

2. 입맛에 맞는 걸 던져주어라

_이동숙 교보AXA 자동차보험 과천 다이렉트 2센터 팀장

무엇을 도와드릴까요? 네, 바로 확인해드리겠습니다. 주민번호가 어떻게 되십니까? 아, 누구누구 님 되세요? 어디어디 차량, 맞으십니까? 2대시고요. 만기 12월 14일자시고요. 렉스턴, 만 41세, 배우자분은 69년생, 맞으세요?

가장 유리한 조건은 만 35세 이상 부부한정이네요. 대물은 대부분 1억으로 하는 추세시고요. 추천 조건은 36만 500원이네요. 작년에는 40만 5,000원이셨네요. 무사고라 보험료 차이가 별로 나지 않으세요. 다른 분들은 무사고라 하더라도 정비수가 인상으로 사고유무에 상관없이 3만 원가량 올랐거든요. 그런데 고객님의

경우는 4만 원이 할인되셨어요. 다른 분들에 비해 굉장히 많이 할인받으시는 거예요.

산타모도 35세 이상 부부한정으로 하세요. 동일증권, 추천 조건으로, 대물도 1억으로 하시면 되겠네요. 동일증권이라 돈이 빠져나갈 때 누락이 있을 수 있거든요. 담보는 대물 1억에 자기신체사고 5,000으로 하시고요. 산타모의 경우 추천 조건으로 하시면, 연간 일시납 보험료가 27만 5,200원이네요. 작년에는 28만 1,250원이셨어요. 금액 차이는 5,000 원 정도라고 보시면 되겠네요. 그래도 렉스턴과 합하면 50,000원 가까이 할인을 받으시는 거예요.

작년에는 비씨카드로 결제하셨네요. 카드는 지금 결제되는 게 아니라, 12월 14일이 만기시니까, 그때 쓰신 걸로 해서 카드 요금 청구될 때 결제처리 되고요. 작년에 검은색 교보 엔크린 카드 받으셨나요? 이번에는 지크 정품 엔진 오일 할인, 타이어 위치 교체, 에어 필터 서비스를 받으실 수 있게 추가로 혜택을 넣어드릴 거고요. 소득공제 서류는 증권과 함께 발송해드리겠습니다. 작년에는 직장으로 받으셨네요? 누구누구 님 비씨로 하셨고요. 아 네, 삼성카드로 하시겠다고요? 이번에는 특별히 3개월 무이자가 가능하세요. 예, 그렇게 처리해드리겠습니다.

모든 내용은 고객님의 권익보호를 위해 자동 녹음되고 있습니다. 혹시라도 계약 내용에 잘못된 점이 있으면 바로 확인해주세요. 다 맞으십니까?

증권 약관에 검은색 멤버십 넣어드렸습니다. 12월 14일까지는 갖고 계셔야 하고요. 렉스턴 차량은 바로 확인 가능하세요. ABS 추가로 장착해드리고요. 출고 시 ABS가 장착된 차일 경우에는 추가로 2퍼센트 할인해드리고 있습니다.

가입해주셔서 다시 한번 감사드리고요. 증권이랑 약관은 바로 보내드리겠습니다. 추후에 변경 문의나 궁금하신 점이 있으면 1566-1566으로 연락주세요. 교보악사자동차보험의 이동숙이었습니다.

대화 속에서 포인트를 잡아라

그녀는 전화로만 고객을 상대한다. 당연히 최대한으로 집중해 고객의 말을 들을 수밖에 없다. 설득의 단초가 될 만한 부분을 놓치지 않으려면 통화가 끝나는 그 순간까지 한시도 긴장을 늦출 수가 없는 것이다.

"엔진 오일이 1년에 한 번, 만 원으로 할인된다는 설명을 하고 있는데 고객이 갑자기 '그래요?' 하는 반응을 보였다면, 관심이 있다는 얘기잖아요. 그러면 그 부분을 집중적으로 설명할 필요가 있어요. 그런데 많이들 그 부분을 놓치더라고요. 이건 이런 게 좋고, 저건 저런 게 좋다는 식으로 두서없이 장점들만 늘어놓는 상담원들이 의외로 많아요. 그러다 고객까지 놓치고 말죠."

전화기, 헤드셋, 그리고 컴퓨터 모니터가 한 귀퉁이를 차지하고 있는 좁은 칸막이 책상 한 칸. 교보악사자동차보험 이동숙 팀장의 영업장이다. 그녀는 발품을 팔면서 고객을 찾아다니지 않는다. 얼굴을 맞대고 정을 쌓아야만 일이 풀리는 스타일도 아니란다.

"이전 보험사가 어디였는지도 중요한 척도가 됩니다. 가령, 삼성화재에 가입했던 고객은 기업의 신뢰도나, 원활한 보상 서비스를 중요시하는 사람일 가능성이 높아요. 이 경우 교보악사자동차보험의 체계적인 보상 시스템이나 불필요한 수수료가 없다는 점을 강조해야죠. 보험료가 저렴하다는 사실만으로는 힘들어요. 또, 다음자동차보험이나 제일화재 같은 경쟁사에 가입했던 고객이라면 보험료보다는 교보악사자동차보험만의 차별화된 혜택을 강조해야 효과가 있고요."

그녀는 자기 자리를 떠날 일이 거의 없다. 그저 전화로만 고객을 만나고 목소리 하나로 보험을 판다. 그녀가 그렇게 만나는 고객은 하루 120여 명. 매번 "교보악사자동차보험의 이동숙입니다. 무엇을 도와드릴까요?" 똑같은 문구로 말문을 여는 그녀에게 그들은 언제나 새로운 긴장감을 준다.

"계속 새로우니까 또 그 나름의 재미가 있어요. 그래서 그런지 선입견이나 징크스도 없는 것 같고. 콜 센터 사람들은 수시로 징크스를 만들어내거든요. 첫 전화부터 이러니 종일 운이 없으려나 보다. 이런 전화를 받았으니 대박이 나려나 보다. 일과시간 내내 전전긍긍하고 있는 사람들도 많아요. 하지만 저는 항상, 다음 사람과 잘 되려고 그랬나 보다, 생각하고 맙니다."

｜　　모든 일에는 전략이 있다　　｜

2004년, 그녀는 그 좁은 전쟁터에서 무려 25억 원어치나 되는 보험을 팔고 당당히 골든콜 그랑프리를 수상했다. 콜 센터의 구조를 조금만 들여다보면 알 수 있겠지만 믿기지 않는 실적이 아닐 수 없다.

고객들은 아무 때나 콜 센터에 전화를 건다. 연결되는 상담원도 그 때마다 달라진다. 즉, 담당 고객이라는 개념이 없으므로 교보악사자동차보험 과천 콜 센터에 있는 100여 명의 상담원 모두에게 골고루 기회가 돌아가는 셈이다. 그러나 계약 체결 실적은 분명 개인마다 큰 차이를 보인다. 가까운 예로, 골든콜 그랑프리를 수상한 그녀는 지난해 한 달 평균 600건의 계약을 성사시켰다. 이는 2등과도 200건 이상 차이가 나는 실적이다.

"예전에 방송국에서 나와 목소리를 녹음해간 적이 있어요. 음파를 측정해 전문가에게 분석을 의뢰한다고. 나중에 TV를 보니 누군가를 설득하거나 세일즈를 하기에 적합한 안정감을 주는 목소리라더군요. 정말 그렇게 들리나요? 일부러 그러는 건 아닌데,

어쨌든 다른 콜 센터 상담원들처럼 리듬감 있는 말투로 요란하게 하거나 하진 않아요. 그냥 평범하게, 일상적인 대화를 나누듯 자연스럽게 가려고 하죠. 비결이요? 글쎄요……. 남들보다 일찍 출근해 미리미리 준비하는 정도?"

이동숙 팀장의 출근시간은 오전 8시다. 그녀는 다른 직원들보다 1시간쯤 일찍 사무실에 나와 차분히 그날의 '전략'을 수립하고 일과를 시작한다. 근무시간 내내 콜 센터로 걸려오는 전화만 받을 수는 없기 때문이란다.

그녀는 일과 틈틈이, 보험기간 만료일이 다가온 기존 고객들과 '지정 고객'들에게 전화를 건다. 지정 고객은 다음 번 통화 시간을 미리 정해놓은 고객으로, 몇 번이나 통화를 했음에도 이것저것 따져 보고, 경쟁사와 비교해보느라 좀처럼 마음을 정하지 못하고 있는 고객들이다. 그러나 언젠가는 반드시 품에 안아야 할 고객들이기에 일과 시작 전, 그날 통화해야 할 지정 고객 명단을 살펴보고 수첩에 나름대로의 대응 전략을 적어두는 일 또한 소홀히 할 수 없다.

"모든 고객한테 똑같은 화법을 적용시킬 수는 없어요. 통하지도 않고요. 저는 주민번호와 현재까지의 상담 내용을 확인한 다음, 연령과 성별, 사고 내역이 있는지 없는지에 따라 조금씩 컨셉을 바꿉니다. 교보악사자동차보험의 여러 장점들 가운데 어떤 것을, 어떤 식으로 강조해야 피부로 느낄까, 나름대로 고민해보는 거죠. 그 고객의 입맛에 딱 맞은 걸 던져주어야 손쉽게 계약을 이끌어낼 수 있지 않겠어요?"

처음부터 잘 할 수 있는 일은 없다

10년가량 삼성물산 패션사업부에서 근무하다 명예 퇴직한 그녀는, 한동안 집에서 쉬다가 교보악사자동차보험에 있던 동생의 권유로 입사를 결심했다. 크게 성공하겠다는 야망과 포부를 갖고 시작한 일은 아니었다. 하지만 이미 성실한 직장인으로서 잔뼈가 굵은 그녀는 금세 두각을 나타냈고, 입사한 지 두 달 만에 월간 판매 1위 자리를 차지했다.

"2003년 5월에 입사했는데, 처음에는 콜 센터에 대한 부정적인 인상이 강해 일하기가 힘들었어요. '텔레마케팅'이라는 게 워낙에 생소한 일이었고……. 교육 때 성적도 거의 바닥이었습니다. 재시험을 겨우 면할 정도였으니 말 다했죠. '자차'랑 '자손'이 같은 말인지 다른 말인지 개념조차 정립이 안 됐었으니까요. 시간이 날 때마다 녹음된 선배들의 통화 내용을 반복해 들으며 연습했어요. 그러면서 나름대로 전략도 짜보고, 그러다 보니 자신감도 붙고 그러더군요."

이 팀장은 이후로 단 한 번도 다른 사람에게 월간 판매 1위 자리를 내주지 않았다. 실적만 보면 그 해 골든콜 그랑프리는 그녀의 것이었다. 물론 근무기간이 모자라 첫해에는 신인상으로 만족해야 했지만 말이다.

"아무것도 모르는 상태에서 일을 시작했고, 교육을 받으면서도 부족함을 많이 느꼈기 때문에 남들보다 더 열심히 했던 것 같긴 해요. 남들보다 1시간 일찍 출근하기 시작한 것도 그래서였고요. 어쨌든 신인상을 받고 나니 이 분야도 나름대로 비전이 있는 매력적인 전문직이라는 생각이 들더군요."

그녀는 매일 평균 120~130건의 통화를 한다. 휴식시간이 없다는 가정하에 계산해보면 시간당 약 15건, 대략 4분에 한 명꼴이다. 실제로 그녀는 점심을 제때 챙겨먹지 못할 때가 많다. 화장실도 거의 가지 않는다고 했다. 가급적이면 업무시간 내에 그날 계획한 일을 모두 끝내기 위해서란다. 다른 이유는 없다. 업무시간에 여유 있게 일을 하면 퇴근시간이 늦어지기 마련이고, 퇴근시간이 늦어지면 다음날로 업무가 연장될 가능성이 높아진다. 피로가 누적되면 일도 일이지만 몸이 힘들어진다.

"처음에는 스트레스도 많았고, 상처도 많이 받았죠. 백 명과 통화하면 백 가지 상황이 나왔어요. 그런데 이 일도 계속 하다 보니 재미가 생기더라고요. 이런 게 진짜 전문직이 아닐까 싶기도 하고. 연봉도 적지 않거든요. 한 달에 오륙백이면 웬만한 회사 부장급 이상이 아닌가요? 여성들이 하기에도 괜찮은 일 같고."

그러나 영업은 한 달 내내 공든 탑을 쌓았다가 월초가 되면 다 무너뜨리고 다시 쌓기 시작해야 하는 일이다. 이번 달에 부족한 부분을 다음 달에 메우거나, 이번 달에 많이 해놓고 다음 달에 여유를 부릴 수 있는 일이 아니었다. 그녀는 매번 부담감에 짓눌렸고, 그래서 월초가 너무나 싫었다고 한다. 어떻게든 하루빨리 마음을 다잡고 초심으로 돌아가 업무에 매달려야만 했다.

"30건을 계약하는 날이 있는가 하면, 12건밖에 성사되지 않은 날도 있었습니다. 고객을 상대하는 방식은 다르지 않는데 왜 이렇게 차이가 날까, 고민도 많이 했어요. 결론은 한 가지였죠. 고객의 입장이 되어보라. 고객이 '보장 내용은 괜찮은데 보험료가 너무 비싸지 않나요?' 하는 반응을 보이면, 그럼에도 불구하고 왜 비싸다고 여겼을까, 고객 편에서 생각해보는 거예요. 쉬운 일 같지만 생각처럼 쉽진 않아요. 저도 수없이 많은 시행착오를 거친 끝에 이 자리까지 왔습니다."

| 적절한 순간에 결정짓도록 하라 |

텔레마케팅은 전화 통화로만 상대방을 설득하는 영업 방식이다. 목소리와 말투, 데이터베이스에 있는 몇 가지 정보만으로 어떤 사람인지 판단해야 하는, 누구나 할 수 있지만 아무나 할 수 없는 일이다.

그렇다면 그녀에게는 어떠한 비결이 있었기에 한 달에 600건씩 계약을 성사시킬 수 있었을까? 그러나 이동숙 팀장 역시, 고객이 될지 안 될지 목소리를 들으면 감이 오느냐는 질문에 단호히 '그렇지 않다'고 대답했다.

"솔직히 말하면 감이 빗나갈 때가 많아요. 제 얘길 관심 있게 듣는 것 같지도 않고, 대꾸도 성의 없는 말투로 툭툭 하시기에 단순한 문의 전화인 줄 알았는데, 설명이 끝나니 의외로 그쪽에서 먼저 계약을 하자는 거예요 오히려 제가 진짜 하시게요? 했다니까요. 그러니까 이런 사람은 이럴 거다, 저런 사람은 저럴 거다 선입견을 가지고 상대방을 대하면 안 될 것 같아요. 지레짐작하기보다는 직접 질문을 던지고 답변을 들어 보면서 설득 포인트를 잡아내는 데 집중해야 합니다. 저는 한 1분쯤 통화해보면 대충 어디에 초점을 맞춰야 될지 감이 와요."

그녀는 '보험료가 비싸다'거나 '보상 서비스가 부실하다'는 식의, 고객으로 하여금 계약을 망설이게 하는 결정적인 요인을 찾아내 그 부분에 대해 집중적으로 설명하는 것이 영업을 성공으로 이끄는 지름길이라고 했다.

"적절한 타이밍에 클로징하는 것도 중요합니다. 제때 끊지 못하면 얘기가 한없이 장황해질 가능성이 있어요. 잘못하다가는 '나중에 전화 드릴게요.' 하면서 그냥 상담이 끝나버릴 수도 있고요.

따라서 그 전에 자연스럽게 최종 계약 단계로 흘러가 깔끔하게 끝을 맺어야 합니다.”

상담을 원활하게 이끌어나가기 위해서는 기본 상식을 갖추는 일도 중요하다. ‘자동차’와 ‘보험’에 문외한이었던 그녀는 매일같이 신문기사를 스크랩하고, 밑줄을 쳐가며 기사를 정독했다. 그녀가 주목한 것은 신차 정보와 보험 관련 소식, 그리고 경쟁사의 움직임이었는데, 이를테면 고객이 신차인 ‘로체’에 대해 이야기하면 그것이 새로 나온 차종이라는 사실 정도는 알고 있어야 한다는 것이다.

“차종을 물었는데 ‘스타크래프트’라고 하더래요. 그래서 ‘그거 게임 아니에요?’ 했다가 망신당했다는 상담원 애길 들은 적이 있어요. 우스갯소리처럼 했던 얘기지만, 이래서는 고객에게 신뢰를 줄 수가 없어요. 프로답지 않은 자세죠.”

이동숙 팀장은 2005년 7월에 직무 전환해 텔레마케팅이 아닌 교육 쪽 업무를 보다 최근 들어 상담원들을 관리하는 슈퍼바이저 일을 시작했다. 급여를 더 받을 것인가, 또 다른 보람을 찾을 것인가 고민하다 내린 결론이었다.

“신입들 코치하랴 영업하랴 정신은 없지만 그 만큼 보람도 커요. 사실 예전에는 서로 경쟁자나 다름없었잖아요. 그때는 알면서도 모르는 척 하고, 나만 알고 있는 것도 많고 그랬는데 지금은 안 그래요. 제2의 이동숙을 키우기 위해 최선을 다하고 있죠. 좀 더 노력해서 인정받는 슈퍼바이저가 되려고 합니다. 역시 저 사람은 다르다는 소릴 듣고 싶어요. 크게 봐야죠. 나중에 이런 콜 센터 하나를 운영하는 것이 제 꿈입니다."

이야기를 마친 그녀는 밝게 웃으며 자리로 돌아가 헤드셋을 썼다. 그제야 여기저기서 울려대는 전화벨 소리가 들려왔다.

3. 키맨은 반드시 100% 만족시켜라

_임연주 JW메리어트 판촉부

JW메리어트는 2000년에 오픈한 특1급 비즈니스호텔이다. 프라이싱 레벨이 메리어트보다 한 단계 높은 고급 브랜드로, 소수의 VIP를 위한 뷰티크 호텔들이 화려하고 고급스러운 면을 강조했다면, 비즈니스맨들을 주로 상대하는 이곳은 고급스럽지만 화려하기보다는 심플하다. 마치 JW메리어트 판촉부의 임연주처럼 말이다.

"호텔 세일즈는 흔히 말하는 영업과 개념이 조금 달라요. 제품이나 편의가 아닌, 손님이 호텔에 발을 들여놓는 그 순간부터 경험하게 되는 모든 것에 대한 종합적인 가치를 파는 일종의 인더스트리입니다. 세일즈를 하든, 현관 앞에서 손님을 맞든 다 같은 '호텔리어'라 할 수 있죠. 프라이드가 있어요."

그녀는 8명의 팀원 가운데 유일한 여성이자 가장 나이가 어린 막내다. 대학에서는 호텔경영학을 전공했다. 졸업과 동시에 미국으로 건너가 힐튼호텔에서 경력을 쌓았으며, 객실 판매는 2003년에 귀국해 소피앰버서더호텔에 자리를 잡으면서 처음 시작했다.

그녀가 맡은 파트는 FIT(Frequency Individual Traveler). 즉 어떤 회사와 계약을 맺고, 그 회사 업무차 국내로 들어오는 모든 방문객들의 숙박을 책임지는 업무다. 회사 하나가 발생시키는 이익이 연간 몇 십 억대라고 하니 호텔 입장에서는 상당히 볼륨이 큰 어카운트가 아닐 수 없다.

"호텔 세일즈는 개인을 상대하는 것 이상의 세심한 케어가 뒷받침되어야 하는 일입니다. 단순히 세일즈맨 자신이 적극적인 성격을 갖고 있고, 말을 잘한다고 해서 성사되는 일이 아니에요. '판매'는 결국 고객이 무엇을 원하는지 정확하게 읽고, 원하는 바를 맞추어줄 때 이루어집니다. 우리 호텔은 뭐가 좋고 뭐가 좋다는 백 마디 말보다 상대가 원하는 게 무엇인지 먼저 듣는 자세가 필요해요. 그 다음 그에 딱 맞는 조건을 제시해야 하고요."

그러나 호텔 세일즈 역시 여느 영업과 마찬가지로 고객의 요구를 100퍼센트 만족시켜줄 수는 없다. 또한 호텔의 이익만을 100퍼센트 생각해서도 안 된다. 단, 여기서 한 가지 명심해야 할 점은 문제의 핵심을 놓치지 말라는 것이다. 그녀의 전략은 '푸시 앤 풀

(Push & Pull)', 일명 밀고 당기기 작전이다.

"푸시는 저희가 객실도 판매하고, 세미나도 판매하고, 서비스도 팔지만 모든 것을 한꺼번에 제시하지는 않되 고객의 모든 요구 사항을 하나하나 경청하며 면밀히 검토하고 있음을 인식시켜주는 것입니다. 풀링은 그 과정에서 상대의 트렌드나 기호가 어떠한지, 가장 필요로 하는 게 무언지, 그 키포인트가 무엇인지를 파악한 후에 해야 하고요. 조급하게 무조건 밀기만 하면 될 일도 안 되게 되어 있습니다. 푸시와 풀이 적절한 순간에 들어갔을 때 되는 것이죠."

그녀는 호텔 세일즈가 세련됨, 섬세함, 세심함 같은 여성성의 장점을 잘 살릴 수 있는 일임을 강조했다.

"고객이 결정을 내릴 때 가장 중요시하는 것이 무엇인지, 예를 들면 예산인지 아니면 다른 부가적인 서비스인지 재빠르게 판단할 수 있어야 해요. 예산이 문제라면 서비스를 대폭 줄이고, 서비스를 중요시 한다면 셔틀버스나 인터넷 무료 접속 등의 서비스를 추가하는 식으로 협상을 해나가는 거죠."

흐름을 읽어야 비즈니스가 보인다

JW메리어트로 자리를 옮긴 그녀가 담당하게 된 업체들은 외국계 화장품 회사와 반도체 회사였다. 그러나 특히 반도체는 그녀에게 있어 너무나 낯선 영역이었다.

"처음에는 아는 게 하나도 없었어요. 밤새도록 인터넷을 뒤지고, 호텔에 투숙하고 있는 전문가분들한테 틈틈이 물어보면서 하나둘씩 알아간 것이죠. 요즘도 IT 관련 뉴스나 잡지들은 빼놓지 않고 챙겨보고 있어요. 관련 박람회가 열리면 반드시 돌아보고 있고요. 그 안에 숨겨진 그들만의 경쟁 관계를 볼 수 있어야 비즈니스도 보이는 법이죠."

예를 들어 삼성전자에서 반도체설비 확장계획을 내놓으면, 관련 장비 업체들 간의 치열한 수주 경쟁이 시작된다. 그리고 입찰의 통해 어떤 업체와 최종 계약이 이루어지면 해외에서 그 업체의 엔지니어들이 들어오게 되는데, 많게는 수십 명의 엔지니어들이 몇 달씩 호텔에 머물면서 프로젝트를 진행하게 된다. 이때 이들을 유치하는 것이 바로 호텔 세일즈의 목표인 것이다.

"작은 칩 하나를 만드는 데 280개 공정이 필요하다고 해요. 그러니까 인더스트리의 흐름을 잘 파악하고 있으면 언제쯤 비즈니스가 나오겠다는 예상이 가능하죠. 따라서 업체들이 비딩에 들어갔을 때 셀렉트 될 확률이 높은 회사들을 미리미리 파악해두면 세일즈에 큰 도움이 됩니다. 호텔들 간의 경쟁도 치열하거든요. 때문에 모든 사안이 결정된 다음 움직이면 이미 늦습니다. 다른 호텔보다 먼저 발 빠르게 준비하고 나서 제안을 해야 우리 호텔로

끌어올 수 있어요."

2004년, JW메리어트는 출범 이후 처음으로 하얏트 호텔을 제치고 비즈니스 시장에서 1위를 차지했다. 해외 출장 수요가 많은 글로벌 기업들은 대개 호텔 하나를 정해 1년 단위로 미리 계약을 맺는데, 연간 계약을 기준으로 그 해 그녀가 올린 실적은 방 1,600개, 무려 30억 원이었다.

"반도체 쪽을 맡고 얼마 안 있다 차에 내비게이션을 달았어요. 반도체장비 업체들이 대부분 경기도에 있거든요. 하루 평균 5개 업체를 도는데 가끔 천안까지도 내려갈 때도 있죠. 덕분에 경기도 일대의 지리는 웬만한 택시운전사보다 훤해요. 어떻게 남자들보다 길을 더 잘 아느냐고, 데이트할 때마다 남자친구가 놀라요."

그녀는 지난해부터 요가를 시작했다. 빡빡한 일정을 소화하려면 철저한 자기 관리가 필수란다. 물론 영어 공부는 기본이다.

"집에서 따로 하긴 하지만, 가급적이면 외국인들과 대화할 기회를 많이 만들려고 하는 편이에요. 배우는 것도 많고, 얻는 것도 많거든요. 예전에 한 외국인 임원한테 반도체칩을 만드는 데 쓰이는 음이온기가 이번에 몇 밀리로 늘었다던데 어떻게 됐느냐, 많이 팔렸느냐 물은 적이 있었어요. 업계 사람도 아닌 데다가 여자라 시답잖은 얘기나 나누다 말거라고 생각했는데 반갑다면서 굉장히 놀라더라고요. 사실은 회사 사람인 자기도 업무가 달라 기술 쪽은 잘 모른다고. 어쨌든 그렇게 점수를 좀 땄죠."

디시즌 메이커를 찾아라

외국계 기업의 경우, 한국 담당자는 정보 수집만 하고 최종 결정은 본사에서 하는 형태로 계약이 이루어질 때가 많다. 따라서 국내 담당자에게 아무리 '푸시' 해봤자 소용이 없다. 가능하다면 세계적인 호텔 기업인 메리어트의 글로벌 네트워크를 적절히 활용할 줄도 알아야 하는 것이다. 계약과 직결되는 콘택트 포인트를 찾는 것은 그래서 중요하다.

"의사 결정자가 누구인지를 알아야 합니다. 어떤 회사와 계약을 맺거나 그룹의 비즈니스를 딸 때 디시즌 메이킹을 하는 사람이 대표이사라면 대표이사를 상대로 직접, 비서가 호텔로 전화를 걸어오거나 이메일을 보내 부킹을 시도한다면 비서에게 직접 푸시를 해야 하죠. 콘퍼런스나 세미나가 있으면 코스메틱의 경우 뷰티 클래스와, HR 트레이닝의 경우 교육담당부서와, 세일즈 미팅의 경우 마케팅 부서와 접촉해야 하고요."

영업은 상대에 따라 시시각각 영업자 자신을 변신시켜야 하는 일이다. 호텔 세일즈맨이라고 예외는 아니리라.

"성격이나 취향, 레벨도 다 다르고, 포지션 자체도 굉장히 다양합니다. 그러니 어떤 사람을 상대하게 될지 만나기 전에는 예상할 수 없어요. 하지만 일단 일이 진행되기 시작하면 상대의 조건에 맞춰 눈치껏 움직일 수 있어야 합니다. 가령 부킹을 해주는 비서가 제 또래라면 또래의 감각으로, 나이 많은 대표이사분이라면 오래된 친구 같은 느낌으로, 전문가라면 좀 더 프로페셔널한 모습으로 다가가야 하겠죠.”

그러나 누가 디시즌 메이커인지 파악하는 일은 생각보다 쉽지 않다. 때문에 그녀는 1년에 두 번 정도 현지로 출장을 나가 그쪽 관계자들을 만나보고, 디시즌 메이커들을 찾아내 그들과 릴레이션십을 쌓고 있다. 이 또한 남다른 노력이 필요한 부분이다.

“자료만 모아가시는 분들도 있고, 직접 계약을 하시는 분들도 있어요. 역시 눈치껏 잘 판단해야 하죠. 좀 더 쉽게 가려면 그 전에 먼저 접촉해오는 상대와 친밀한 관계를 맺고, 유지하면서 서로 정보를 나눌 수 있는 사이가 되어야 합니다. 그래야 그 과정 안에서 최종 의사를 결정할, 혹은 결정하는 데 가장 큰 영향을 미칠 키맨이 누군지 분명히 알 수 있으니까요. 다이렉트로 듣는 것과 한 다리 건너서 듣는 것은 차이가 있어요. 상대편의 요구 사항을 모두 만족시키기는 힘들겠지만, 계약을 성사시키려면 키맨만큼은 반드시 100퍼센트 만족시켜야 합니다.”

｜　　상품이 아닌 이미지를 판다는 자세로　　｜

영업은 항상 새롭고 역동적인 반면, 결과를 예측하기가 힘들다. 노력한 만큼 돌아오지 않을 수도 있고, 운도 많이 따라주어야 한다. 하지만 눈에 보이는 보상이 없다고 안 될 일도, 쉽게 포기해 버릴 일도 아니다. 길게 보고 끊임없이 새로운 비즈니스를 찾다 보면 충분히 성공할 수 있는 일이다.

"앞서 말했다시피, 우리가 파는 것은 객실이나 음식 같은 상품이 아닙니다. 호텔에서 경험하게 되는, 만질 수 있는 것과 만질 수 없는 것을 모두 포함하는 하나의 가치죠. 호텔 세일즈맨은 호텔의 꽃입니다. 나비와 벌을 이끌듯 호텔로 손님을 이끄니까요. 물론 손님으로 하여금 또다시 이 호텔을 찾도록 하는 것은 오퍼레이션 파트의 역할이겠죠. 하지만 세일즈맨 한 명이 호텔 전체를 대표할 수도 있다는 생각을 염두에 두고 세일즈에 임해야 고객들도 우리를 믿고 따라오지 않겠습니까?"

그러므로 호텔 세일즈맨은 매사 몸가짐에 신경을 써야 한다. 언제나 바른 '애티튜드'로 고객을 대할 필요가 있다.

"싱가포르에서 온 반도체 관련 프로젝트 팀장이 있었어요. 보통 프로젝트는 작게는 5명, 많게는 몇 십 명으로 구성된 팀으로 움직이거든요. 그런데 이상하게 혼자 왔더라고요. 그것도 본인이 프리퍼를 해서. 짐작되는 바가 있어 일단 그분 방에 와인하고 꽃, 초콜릿을 넣어드렸습니다. 호텔 방문을 딱 여는 순간 '아, 내가 케어를 받고 있구나.' 하는 느낌이 들도록 말이죠. 부담스럽지 않되 세심한 배려가 느껴지는 선물이랄까, 이런 것이 마음을 여는 작은 열쇠가 될 때가 있죠."

그녀는 식사 시간을 이용한 가벼운 미팅을 제안했다. 디너 약속이 잡혔고, 저녁 식사를 하며 이런저런 대화를 나누다가 자연스럽게 팀원들에 대한 이야기로 화제를 돌려보았다. 예상대로 함께 들어온 사람들이 있었다. 그들 역시 각자 호텔을 선택해 묵고 있었으며, 프로젝트가 끝날 때까지 그곳에서 머물 예정이었다.

"팀원들이 호텔을 선택하는 특별한 기준이 있는지 물어봤죠. 특별히 어떤 점을 중점적으로 보는지, 필요로 하는 것들이 무엇인지. 저는 그분에게서 얻은 정보를 바탕으로 패키지를 만들어 제시했습니다. 사실 그분 입장에서야 이래도 그만 저래도 그만이었겠지만, '전망이 있는' 고객을 유치해야 하는 우리 입장에서는 그렇지가 않았죠. 다행히 긍정적인 반응을 보이시더군요. 그러고는 어차피 어디에서 묵든 상관이 없다면 조금이라도 더 유리한 혜택이 제공되는 우리 호텔이 나을 것 같다면서, 결국은 나머지 팀원 모두를 이쪽으로 데려오셨어요."

항상 먼저 움직여라

호텔 세일즈의 유형은 세 가지로 요약될 수 있다. 첫째, 이전에 거래한 적이 없는 회사와 관계를 맺는 것. 둘째, 기존 거래 회사와의 관계를 잘 유지하는 것. 그리고 셋째, 계속해서 곁가지를 뻗어 나가는 것. 다시 말해, 관계를 잘 유지해온 회사도 조건에 따라 언제든 다른 호텔과 거래할 수 있으므로, 개인으로 오든 그룹으로 오든, 연간 계약을 맺었든 맺지 않았든, 규모나 예상 이익에 따라 최대한의 이익을 발생시킬 수 있도록 그때그때 가격이나 혜택을 새롭게 제시할 수 있어야 한다는 것이다.

"영업은 결국 사람이라는 재산을 가지고 하는 일입니다. 그런데 영업을 오래하다 보면 업체 사람들을 만날 때마다 '이 사람은 50방, 이 사람은 1,000 방.' 하는 생각을 먼저 하게 된다고 해요. 사람이 돈으로 보이는 거죠. 하지만 사람이 곧 돈은 아니잖아요. 비즈니스 이전에 사람을 봐야죠. 우리가 드릴 수 있는 혜택과 그분이 우리를 통해서 얻을 수 있는 혜택을 함께 생각해 서로 윈윈할 수 있는 관계로 나아가는 것. 저는 이것이 서비스업계 영업의 본질이라고 생각합니다."

때문에 그녀는 고객 개개인에 대해서도 각별히 신경을 쓰고 있다. 데이터베이스를 구축해두고 월별로 미리 체크해, 고객의 생일이나 기념일도 잊지 않고 챙기려 한다. 거래 회사의 일정이나 관련 행사 스케줄에 대해서는 말할 것도 없다.

꼼꼼하게 챙기는 것은 그뿐만이 아니다. 언제나 그녀의 손에는 호텔 관련 정보가 빼곡하게 적힌 수첩이 들려 있다. 고객의 질문에 바로바로 답변을 주기 위해서란다. 그녀는 호텔의 포인트 제도나 핸드폰 대여 비용 정도는 항상 숙지하고 다녀야 한다면서, 방 사이즈를 소수점 이하까지 외우는 일은 기본이라고 했다.

"비상구의 위치에서부터 콘센트가 붙어 있는 위치까지 모두 알고 있어야 하는 게 호텔 세일즈맨입니다."

호텔 음식에 대해서도 마찬가지다. 큰 행사나 연회가 있을 때는 고객의 요청과 행사의 목적을 고려해 주방장과 메뉴를 협의해야 하고, 음식을 내가기 전에 직접 시식도 해봐야 하기 때문이다.

"와인이나 요리에 대한 공부도 틈날 때마다 조금씩 하고 있어요. 진정한 '프로'가 되기 위한 노력들 중에 하나라고 할 수 있겠죠."

외근 준비를 마친 그녀는 서둘러 사무실을 나갔다. 어디에 있는 누구를 방문해 어떤 이슈에 대해 이야기할지, 또 그것이 어떤 결과를 가져올지 예상해보면서 주단위로 짜놓은 일정표에 따라 움직이는 것이라고 했다. 고객이 궁금해하면 직접 호텔로 데리고 와 둘러보게 하는 것도 그녀의 역할이었다. 홍보를 위해 식사 접대도 가급적이면 외부보다는 호텔 내에서 한다고 했다. 그녀는 열심히 필드를 뛰어다니며 경험할 수 있는 실무적인 부분을 다 경험해보고, 언젠가는 그 경험들을 전략적으로 마케팅에 접목시켜 보겠다는 야무진 계획을 갖고 있었다. 그녀는 아직 젊다. 이제부터 시작이다.

4. 고객에게 최선의 이익을 제공하라

_이진한 대우조선해양 가스선 영업1팀장

지난해 우리나라가 발주받은 LNG 운반선은 총 36척으로 대우가 15척, 삼성이 10척, 현대가 4척이었다. 세계 시장에서 발주한 LNG 운반선의 절반가량을 대우조선해양이 독차지한 셈이다. 그러나 일등공신이나 다름없는 이진한 팀장은 의외로 소박한 비결을 내놓았다. 고객에게 최선의 이익을 주면 그만큼 돌아온다는 믿음을 가져라.

"원칙은 하나입니다. 회사에 최대 이익을 주면서 선주가 만족할 만한 사양의, 서로 간에 최적화된 배를 말 그대로 '착한' 가격에 팔 것."

액화천연가스(LNG) 운반선은 한 척에 2억 달러가 넘는 초고가 상품이다. 거액을 투자해야 하는 선주는 요구 사항을 명확하게 제시할 수밖에 없고, 그러다 보면 요구 사항이 수백 페이지에 걸쳐 작성되기 마련이다. 밀고 당기기 가격 협상은 기본이다. 까다로운 선주를 만나면 선박에 장착할 엔진을 결정하는 데만 7개월 이상이 걸리기도 한다.

"회사의 스탠더드가 국제기준임을 앞세워 설득하는 것임에도 불구하고, 회사의 스탠더드와 선주의 리콰이어먼트를 조정하는 일은 늘 복잡하고 어렵습니다."

중요한 것은 물론 제품의 신뢰도다. LNG는 초저온 상태로 보관되어야 하는 위험한 가스다. 따라서 선박에 문제가 있을 경우 운송 도중 품질이 떨어질 가능성이 높다. 그런 데다가 일단 한 번 건조된 선박은 보통 40년 이상 사용하게 된다. 반세기에 가까운 긴 기간 동안 운용이 가능한 배여야 한다는 것이다. 가격은 그 다음이다. 선주는 이 세 가지를 고려해 조선소를 선정한다.

"작년 신규 발주 대부분이 예전에 LNG 운반선을 사갔던 선주들의 재발주 물량입니다. 이는 다시 말해, 선주들이 대우조선해양 LNG 운반선의 품질에 만족했다는 의미가 아니겠습니까? 물론 이러한 결과가 나온 것이 영업만으로 가능했던 일은 아니라고 생각합니다. 설계에서 건조까지 함께 움직이면서 거둔 성과라고 할 수 있겠지요."

대우조선해양은 LNG 운반선 분야에서 이미 독보적인 위상을 굳힌 지 오래다. 현재 전 세계의 바다에 떠다니는 LNG 운반선은 모두 200여 척. 이 가운데 20퍼센트에 가까운 37척이 대우조선해양의 작품이다. 1992년, 후발 주자로 뒤늦게 LNG 운반선 건조에 뛰어든 지 15년여 만에 이루어낸 성과다.

"선박 영업은 '정도(正道)'를 통해 결정이 되는, 남자라면 한 번쯤 도전해볼 만한 큰 비즈니스라는 생각이 듭니다. 한 건에 몇 억씩 되는 돈이 오가는 일이기도 하지만, 어떻게 적절한 가격을 확보할 것인지를 결정하고 그것으로만 경쟁하는 일이기 때문입니다. 상당히 클리어한 비즈니스라고 할 수 있지요. 오래 하면 할수록, 자리가 높아지고 결정권이 커질수록 새로운 재미가 생기는, 흥미진진한 일인 것 같습니다."

첫인상에 승부수를 던져라

이진한 팀장은 서울대 조선공학과를 졸업하고 대우조선해양에 입사해 13년 동안 선박 설계를 해온, 이른바 '현장' 출신이었다. 새로운 일에 도전해보고 싶어 영업 쪽으로 방향을 틀었던 것이고, 그가 영업 부서로 옮긴 1995년 무렵은 국내 조선사들이 LNG 운반선 건조에 본격적으로 나서던 시기였다.

“작지만 여러모로 의미 있는 성과였습니다.”

대우해양조선은 당시 한국가스공사가 LNG 도입을 위해 발주한 여섯 척의 운반선 중 두 척을 수주하면서 성장의 발판을 마련한다. 그는 설계 파트 담당자로서 입찰 준비 과정에 참여하게 되었고, 그때 처음으로 현대중공업이나 삼성중공업 같은 대형 조선사들과 수주 경쟁을 벌였다.

그가 본격적으로 LNG 운반선 영업 일선에 뛰어든 것은 2004년, 가스선 영업 1팀을 맡으면서부터다. 마침 ‘크누센’이라는 노르웨이의 선사가 지사를 통해 LNG 운반선의 발주 의사를 전달해왔고, 그 또한 새로운 고객을 발굴해야 하는 입장이었다. 그러나 크누센은 거의 알려지지 않은 작은 선사였다. 과연 값비싼 LNG 운반선을 발주할 능력이 있을 것인가, 반신반의하는 가운데 영업팀의 분위기는 이제 막 출발하는 단계이니 신중을 기하는 차원에서 수주를 미루자는 쪽으로 흘러갔다.

“저는 반대했습니다. 작은 회사이긴 했으나, 규모에 비해 실적이 괜찮은 선사였기 때문입니다. 스페인 시장에서는 이미 꽤 기반을 갖춘 업체였지요. 스페인의 천연가스 수요도 급증하고 있는 상황이었습니다. 충분히 발주할 능력이 있고 장래성도 있는 회사라는 판단이 들었습니다. 위쪽에서는 부정적으로 봤습니다만, 적극적으로 밀어붙였지요. 다행히 좋은 선가를 받았고, 이후로 2년에 걸쳐 세 척이나 수주하게 되었습니다. 결국은 제 판단이 옳았던 거지요."

이 팀장은 '카타르'가 LNG 운반선 시장의 '큰손'으로 부상하면서 벌어진 2004년의 뜨거웠던 수주 경쟁을 떠올렸다. 카타르 국영 '카타르가스'와 '라스가스'는 2004년 이후로 3년간 52척이나 되는 LNG 운반선을 발주한 바 있는, 현재 세계 LNG 운반선 시장의 최대 고객이다.

"입찰 준비는 2003년 연말부터 시작했습니다. 문제는 갑자기 현대중공업과 삼성중공업이 컨소시엄을 결성하고 첫 발주 물량인 8척 전량 수주를 선언하는 이변이 벌어지면서 발생했지요. 지금도 그렇지만, LNG 운반선 국제 입찰은 보통 국내 '빅3'인 현대, 삼성, 대우와 일본 조선사 컨소시엄이 겨루는 4파전이었습니다. 자칫 잘못하면 한 척도 수주하지 못하고 밀려날 상황이었습니다."

그는 '첫인상'에 승부수를 던지기로 했다. 발주 관계자들에게 '대우는 믿을 만하다'는 인상을 확실하게 남겨야 한다는 각오로 철저히 준비했다.

"카타르의 LNG 개발 프로젝트 또한 75억 달러라는 대규모 자금이 들어가는 사업이었습니다. 그러니 어렵게 개발한 LNG를 운송 문제 때문에 팔 수 없다면 큰일이겠지요. 우리는 그들이 중점적으로 체크할 것이라 예상되는 부분, 즉 '제대로' 배를 만들 수 있는 곳인지, 약속된 납기일을 지킬 수 있는 곳인지 보여주기 위해 최선을 다했습니다. 선박을 발주하는 쪽에서는 당연히 신뢰성을 가장 먼저 볼 수밖에 없습니다."

결국 대우조선해양과 업계 '공룡'인 현대·삼성 컨소시엄은 똑같이 네 척씩을 수주했다. 그러나 결과적으로 보면 대우의 승리나 다름없었다. 게다가 당시의 수주 비율은 지금까지도 그대로 유지되고 있다. 실제로 카타르가 발주한 52척의 LNG 운반선 가운데 절반은 대우조선해양이, 나머지 절반을 현대중공업과 삼성중공업이 가져갔다.

"선박 영업과 일반 소비재 영업은 다릅니다. 워낙 덩치가 크고 고가다 보니 '영업 테크닉'이라는 게 통하지 않지요. 실력으로 공정한 경쟁을 벌일 수 있는 매력적인 분야라고 생각합니다."

정보력이 곧 경쟁력이다

이 팀장은 새로 들어온 정보들을 차분히 검토하고, 근황을 묻는 메일이나 협상 내용에 관한 회신을 보내는 것으로 일과를 시작한다. LNG 운반선의 발주처는 상당수가 국영 가스업체다. 대부분 정부기관, 이사회 등을 통해 구매 결정이 이루어진다. 그러나 개인 선주들의 경우 가족 관계 등 세부 정보를 모아 별도로 관리할 필요가 있다. 그는 정보 공유를 통한 네트워크 관리에 가장 많은 시간을 투자한다.

"보통 선박 50척 정도를 수주하고 큰 프로젝트 몇 개를 계약하면 1년이 지나 있습니다. 그러니 영업 단계에서의 결정 하나하나, 그 모두가 중요할 수밖에 없지요. 그때의 결정이 회사의 손익과 직결되는 데다 선박을 건조하는 작업 현장에까지 영향을 미치기 때문입니다. 네고 사항에 대해 적기에 적절한 응답을 줄 수 있도록 분석하고 정리하려면 작업 현장을 확실하게 이해할 필요가 있습니다."

실제로 LNG 운반선 영업은 빠른 정보판단이 요구된다. 컨테이너선의 경우, 모든 경쟁사들이 동일한 정보를 공유할 수 있다. 세계 컨테이너 물동량 추세에 따라 선주들이 선박을 신규 발주하므로, 누구나 시장 정보를 읽을 수 있고 신규 수요에 대비할 수 있는 것이다. 그러나 LNG 운반선의 경우는 사정이 다르다. 신규 LNG 플랜트 건설에 따라 수요가 좌우되기 때문이다. 누가 먼저 LNG 플랜트 건설의 움직임을 포착해 대응하느냐가 경쟁의 관건이 된다.

"따라서 똑같은 정보를 보더라도 그것이 어떻게 LNG 운반선 수요로 연결되는지 남보다 한발 앞서 읽어내야 합니다. 저는 팀원들이 다양한 경험을 할 수 있도록 LNG뿐만 아니라 다른 섹터의 영업을 해볼 기회를 줍니다. 그때그때 맡겨진 업무를 수행하면서 다방면으로 시장 정보를 파악해보라는 것이지요. 야드에 영향을 줄 수 있는 요소들은 물론, 계약서 문안 한 줄에서까지도 말입니다."

그는 팀원들에게 각자 자신이 맡은 지역의 전문가가 될 것을 항상 주문한다. 해당 지역의 시장 흐름과 수요 정보, 나아가 개발 정보에까지 정통해 있는 전문가만이 그 지역의 고객에게 신뢰를 줄 수 있고, 신뢰는 결국 계약으로 연결된다는 신념이 있어서다. 아프리카 지역을 맡은 팀원들은 언제라도 현지 출장이 가능하도록 황열병 예방 주사까지 맞아둔다고 하니 가히 그 열성을 짐작할 만하다.

"평소에는 기존 발주 업체나 발주 가능성이 있는 업체의 담당자들과 연락을 주고받으며 신뢰 관계를 유지합니다. 업계의 분위기나 새로 개발한 기술에 대한 정보를 공유하고 있어야 프로젝트가 시작되기 전에 제품을 홍보할 수도 있고, 입찰이 떴을 때 경쟁력 있는 입찰가를 제시할 수도 있지 않겠습니까?"

그는 선사의 발주 책임자들과 선주는 물론, 기업체의 CEO, 마케팅 담당자 등 업계 관련 종사자들과 수시로 정보를 주고받는다. 그에게 정보를 줄 수 있는 사람은 모두다 그의 고객이다. 정보의 질이나 양, 경이나 중과는 무관하다.

"관계라는 것은 정보 교환을 통해, 신뢰가 형성되고 유지되면서 만들어집니다. 그러니 좋은 관계를 만드는 제일 좋은 방법은 직접 만나서 소통하는 것이겠지요. 하지만 서로 직접 만나기 힘든 사람들이 좋은 관계를 만들어나가려면, 평상시에 회사의 상황이나 새로운 퍼포먼스의 개발 같은 정보들을 서로 전함으로써 신뢰를 쌓는 수밖에 없습니다. 선박 자체가 몇 억 달러씩 되는 물건인데, 물적으로 도움을 주고받기는 어렵지 않겠습니까? 물론 관계자들과 직접 만날 수 있는 기회가 아예 없는 것은 아닙니다. '가스텍'이라고, 3년마다 열리는 국제 콘퍼런스가 있습니다. 우리도 콘퍼런스가 열릴 때마다 부스를 열고 참여하지요. 외국 기업체 사람들과는 그때 많은 얘기를 나누게 됩니다."

그는, 외국인과 대화를 나눌 때는 먼저 상대방의 문화를 이해하기 위해 노력하고 그 다음 열린 마음으로 우리의 문화에 관해 이야기할 수 있어야 한다는 말을 덧붙였다.

"가령, 중동 분들을 만나면 간단한 인사말 정도는 그쪽 말로 할 수 있어야 합니다. 대화 도중에 가끔씩 상대방의 문화적 제스처를 써주기도 해야 하고요. 상대방을 이해하기 위한 작은 노력이라고 할 수 있습니다. 저는 늘 옥포조선소 이야기를 합니다. 이것이 바로 우리의 문화입니다."

경험을 교차시켜라

그는 1981년에 입사해 27년 째 대우조선해양에서 근무하고 있다. 13년 동안 설계 일을 하다 1995년에 영업팀으로 발령이 나 영업을 시작했고, 그로부터 10년이 채 되지 않은 2004년에 영업 1

팀 팀장이 되었다. 그에게는 엔지니어 13년이라는, 무시할 수 없는 백그라운드가 있었다. 그는 누구보다도 현장과 실무를 잘 아는 영업자였다.

"영업의 이론적인 측면, 혹은 커머셜한 부분은 부서장님께 많이 배웠습니다. 법대 출신이셨는데, 계약을 다루는 일에 굉장히 능숙하셨지요. 영업 마인드나 실무적인 능력을 키우는 데 도움을 주신 분은 생산총괄 본부장님이었습니다. 그분을 통해 선주를 대하고 선사를 관리하는 방법, 파편적인 정보들을 가지고 전체를 보는 방법, 브로커를 다루는 방법 같은 것들을 배웠습니다. 생각해보니 적절한 시기에 좋은 역할 모델들을 만났던 것 같습니다. 이것도 행운이라면 행운이라고 할 수 있겠지요."

그러나 그에게도 위기는 있었다. 1987년 노사분규 때, 그리고 1999년에 대우그룹의 해체 과정을 겪으면서다.

당시 뉴저지 지사에서 근무하고 있던 그는, 선주들을 찾아다니며 회사 상황을 설명하고 안심시키느라 진땀을 빼야만 했다. 그들은 한국은행이 아닌 해외 은행에서 발행한 '환급 보증서'를 요구했다. 하지만 외국계 은행들은 턱없이 높은 수수료를 제시하거나 무리한 담보를 요구하는 식으로 발급을 거부했고, 이 팀장은 말그대로 진퇴양난 속에서 우왕좌왕할 수밖에 없었다.

"선주가 선급금을 지급하면, 대우조선해양이 배를 수주하고 한국은행에서 그 선급금에 대한 환급 보증서 발급해주는 구조였습니다. 한국은행조차 믿지 못한 것입니다. 어쨌든 제게는 그때가 또 다른 기회였다고 생각합니다. 그 일로 인해 금융과 회계에 대한 안목까지 갖추게 되었으니 말입니다. 지금은 그쪽에서 먼저 환급 보증서를 발급해주겠다고 제안들을 해옵니다. 격세지감이라고나 할까요."

이 팀장의 좌우명은 '고객에게 최선의 이익을 주어라.' 다. 이에 따른 십계명도 있다. 하나, 제품과 현장을 철저하게 이해하라. 둘, 모든 고객을 소중히 여겨라. 셋, 첫인상이 승패를 좌우한다. 넷, 제품보다 먼저 신뢰를 팔아라. 다섯, 수시로 제품 정보를 제공하라. 여섯, 수치 뒤에 있는 수요의 흐름을 읽어라. 일곱, 팀워크가 생명이다. 여덟, 끊임없이 신규 고객을 찾아라. 아홉, 실력으로 승부하라. 열, 한발 앞서 정보를 잡아라. 그는 자신이 설계한 배라면서 십계명 액자 위에 걸린 커다란 사진을 가리켰다.

"지구 온난화와 청정에너지가 이슈화되면서 유독성 가스를 발생시키지 않는 LNG의 수요도 늘고 있습니다. 올해 예상 매출을 7조 원으로 잡고 있는데, LNG 운반선의 매출은 그중 30퍼센트 정도가 될 것 같습니다. 선박 척수로는 8척 정도. 올해 인도할 선박은 해양, 탱커, 컨테이너선을 포함해 총 50척 정도 됩니다. 그러니까 단일 선종으로서도 큰 비중을 차지하고 있는 셈이지요. LNG는 척당 10퍼센트 이상의 영업의 이익이 나오는 고부가선이라고 할 수 있습니다."

4장

윈윈 파트너십으로 소통하라

고객 상담 프로세스

9 788952 208088
SALES

1. 고객 스스로 필요케 하라

_김장 청호나이스 차장

"비싸요."

정수기 영업의 가장 큰 어려움은 '가격'이다. 대당 가격이 100만 원을 웃도니 구입할 생각이 없었다면 아무래도 망설여지기 마련이다. 그러므로 영업인은 반드시 고객의 가격에 대한 부담감을 덜고 고객에게 필요성을 심어주어야 한다. 그것이 바로 그들의 임무다.

"가정이나 사무실에서 흔히 쓰는 정수기는 필터가 한두 개인 여과기에 불과합니다. 물론 처음에는 어느 정도 정수 효과가 있지요. 하지만 며칠만 지나면 불순물이나 바이러스, 박테리아 같은 것들이 잔뜩 끼게 됩니다. 오히려 해로울 수 있다는 얘기지요. 여기까지 설명을 하면 다들 아, 그렇습니까? 하면서 긍정적인 반응을 보입니다. 문제는 결국 가격입니다. 좋은 건 알겠는데 굳이 돈을 들여 들여놓을 필요가 있느냐는 것이지요."

김장 처장은 고개를 저으며 말을 이었다.

"있습니다. 생각해보십시오. 일단 한 번만 들여놓으면 온 식구가 1년 내내 하루도 빠짐없이 잘 쓸 수 있지 않습니까? 아무리 그래도 비싼 건 사실이지 않느냐고요? 그래요, 비쌉니다. 하지만 아파보십시오. 약값에, 또 입원이라도 하게 되면 결국은 다 나갈 돈입니다. 돈은 돈대로 나가고, 거기다 건강까지 잃게 되니 결과는 더 나쁘지요."

그러나 이 정도의 설명만으로는 고객의 마음을 완전하게 움직일 수 없다. 그러자 그는 말한다. 정수기에 대해 어느 정도 믿음을 주었다면 그때부터는 승부욕을 갖고, 그러나 치밀하게 설득하라. 그리고 절대 타이밍을 놓치지 마라.

"언젠가 고객 한 분이 전화를 걸어왔습니다. '세계 최초의 얼음정수기'라는데 그게 정확히 뭐냐, 묻는 전화였어요. 직접 전화를 걸어오는 분들은 대개 구입할 의사는 있지만 제품에 대해 확신이 없는 사람들입니다. 저는 직접 찾아뵙고 설명을 드리겠다고 답하고 곧장 그리로 달려갔습니다. 만나 보니 강남 아파트 단지의 관리소장님이더군요."

그는 열과 성을 다해 정수기에 대해 설명했다. 그러나 설명을 다 들은 관리소장은 이렇게 말했다. "나중에 다시 연락드릴게요." 흔한 일이다.

"거기서 돌아서면 안 됩니다. 일단 먼저 관심을 보인 사람이니까요. 다들 설명을 들을 때는 끄덕끄덕 합니다. 환경 문제도 심각하고, 건강도 생각해야 하고. 알긴 알겠는데, 지금까지 별 문제 없었다는 것입니다. 그러면 그때 다시 '좋은 물'이란 어떤 것인지, 왜 좋은지, 우리에게 그게 왜 필요한지 한 번 더 각인시켜주어야 합니다. 고객이 느끼는 경제적인 부담감을 정수기가 주는 든든함으로 상쇄시키라는 것이지요. 구매 결정을 미루게 놔두면 실패할 가능성이 높아집니다. 그래서는 절대 물건을 팔 수 없어요."

그는 자신감과 적극성을 강조했다.

"상대방의 마음을 움직여 불가능해 보이는 일을 가능하게 만드는 것이 영업입니다. 하지만 그전에 먼저 자신감을 가져야 합니다. 나는 이 제품에 대해 확신이 있다. 이 사람은 이 제품이 반드시 필요하다. 구입할 의사가 분명히 있다. 그러므로 나는 할 수 있다. 끊임없이 되뇌며 적극적으로 상대방을 설득할 수 있어야 합니다. 나에게 믿음이 없는데 어떻게 상대방한테 믿음을 줄 수 있겠습니까?"

| 정도(正道)가 곧 지름길이다 |

그는 2002년, 2003년, 2004년에 이어 2005년, 또다시 판매 1위 자리를 차지했다. 당시 그가 이끌던 팀이 올린 매출은 90억 원. 광고기획사 사장에서 정수기 영업 사원으로 변신한 지 6년 만에 거둔 결실이었다.

"사장까지 했던 사람이 어떻게 직접 영업을 뛰느냐면서 다들 놀랍니다. 글쎄요. 그다지 놀랄 일은 아닌 듯합니다만, 영업은 노력한 만큼 대가가 돌아오는 일입니다. 정직하지요. 벽돌 한 장을 나르면 벽돌 한 장 값을 정확히 벌 수 있는 것이나 마찬가지입니다."

그는 IMF 시절을 회상하며 쓸쓸한 미소를 지었다.

"거래 기업들이 잇달아 부도를 냈습니다. 심각한 경영난이 찾아왔지요. 직원들한테 나갈 월급조차 없었어요. 적자가 계속되고 있었지만 폐업할 수 있는 처지도 아니었습니다. 한때는 직원을 40명이나 두었던 번창한 회사였습니다. 그런데 어느 순간 저는 집에서는 무능한 가장이, 회사에서는 무능한 사장이 되어 있더군요. 무능한 인간이라는 강박에서 벗어날 수가 없었습니다. 나 자신이 '홍수에 떠내려가는 썩은 고목' 처럼 느껴졌어요. 아무리 몸부림쳐도 탈출구가 보이지 않았습니다."

직원들을 볼 면목이 없었다. 출근 자체가 고통인 나날들이 계속되었다. 그는 매일같이 복권을 샀다. 방구석에 쭈그리고 앉아 복권을 긁으며 매일 밤 일확천금을 꿈꾸었다.

"세상에 공짜는 없다는 생각이 들었습니다. 언제까지고 감나무 아래서 감이 떨어지기만을 기다릴 수는 없는 노릇 아닙니까. 당장 감을 먹으려면 나무를 타고 올라가든가 흔들든가 해서 어떻게든 따야지요."

그가 정수기 영업에 관심을 가진 것은 그 즈음부터였다. 노력한 만큼 대가가 돌아오는 일은 영업뿐이라는 생각 때문이었다. 청호나이스의 영업 사원이 된 그는 일단 정수기 한 대를 들고 집으로 들어갔다.

"아내가 그러더군요. 진짜로 영업을 할 작정이라면 자기한테 먼저 팔아보라고. 어차피 할 거라면 제대로 한번 해보라는 것이었습니다. 어디 가서 볼펜 한 자루 팔아본 적 없는 저였습니다. 어디서부터 어떻게 손을 대야 할지 모르겠더군요. 저는 아내와 애들을 앞에 앉혀놓고, 본사에서 교육받은 대로 했습니다. 그렇게 첫 제품을 팔았지요."

자신감은 불어나는 것

정수기 영업은 '연고 판매' 위주로 이루어진다. 혈연, 학연, 지연을 바탕으로 가까운 곳에서부터 점차 대상을 넓혀가는 것이다. 하지만 아는 사람에게 물건을 파는 것은 생각만큼 쉽지 않다. 파는 사람은 파는 사람대로 부담스럽고, 사는 사람은 사는 사람대로 부담스럽기 때문이다. 차라리 낯선 사람에게 물건을 파는 것이 더 쉬울지도 모른다.

"어떤 일이든 처음부터 자신감을 갖기는 힘듭니다. 초반에는 가까운 사람들에게 신뢰를 얻고 도움을 받는 것이 좋아요. 서로 잘 아는 사람들이니 솔직하게, 진심으로 대할 수 있지 않겠습니까? 우선은 긍정적인 분위기를 타야 합니다. 그러다 보면 저절로 자신감이 생길 것이고, 자신감이 있으면 누구를 만나도 당당하게 물건을 팔 수 있습니다."

그에게 처음 용기를 준 사람은 아내였다.

"아내의 지지가 없었다면 시작조차 못했을 일입니다. 정수기를 갖다놓고 한숨을 푹푹 내쉬며 앉아 있는데 내게 이러더군요. 나쁜 일 하는 거 아니다. 강도짓도 아니고, 도둑질도 아니지 않느냐. 남들한테 피해만 안 주면 된다. 혜택을 주고 혜택을 받는 일일 뿐이니 적극적으로 해봐라."

아내와 아이들에게 정수기를 팔고 인정을 받은 그는 그 여세를 몰아 두 번째 미션의 대상인 동생을 찾아갔다.

"결국은 돈이 드는 일이잖아요. 동생이야 형이니까 그렇다손 치더라도, 제수씨의 반응이 영 시원치가 않은 겁니다. 일단 동생

네 애들을 불렀습니다. 그리고 아내와 우리 애들 앞에서 한 것처럼 매뉴얼대로 16절지를 깔고 수돗물을 받아와 물 실험을 했습니다. 아이들은 거짓말을 못하잖아요. 찌꺼기를 보더니 고개를 절레절레 흔들더군요. 애들이 못 먹겠다는데 어쩌겠습니까? 정수기를 판매할 때 걸림돌이 되는 것은 항상 '돈'입니다. 벅차게 살림을 꾸려나가야 하는 어른들은 '건강'보다는 '경제 사정'을 먼저 고려할 수밖에 없어요. 당연합니다. 하지만 아이들은 그렇지 않습니다. 어찌됐든 좋은 물을 먹고 자라야지요."

열 개의 사과가 있다. 그중에는 잘 익은 것도 있고 썩은 것도 있다. 그리고 이제 그 사과들을 전부 먹어치워야 한다. 그런데 무엇부터 먹을지에 대해 사람들이 생각하는 바는 다 다르다. 어떤 사람은 먹기 나쁜 썩은 사과부터 먹을 것이고, 어떤 사람은 먹기 좋은 잘 익은 사과부터 먹을 것이다. 어떤 사람은 별 생각 없이 아무거나 집어먹을 것이며, 어떤 사람은 어쨌든 아무것도 먹지 않겠다고 버틸지도 모른다.

"영업은 전쟁입니다. 파는 사람이 불리한 전쟁이지요. 무작정 달려들었다가는 제대로 붙어보기도 전에 주저앉는 수가 있어요. 우선은 이길 수 있다는 긍정적인 마음을 지니는 것이 중요합니다. 이길 확률이 높은 상대부터 하나둘씩 무너뜨리면서 성취감을 느껴볼 필요가 있어요. 자신감은 어디선가 불쑥 솟아오르는 게 아니라 눈 덩이처럼 서서히 불어나는 것입니다. 언젠가 바위처럼 단단

하게 뭉쳐진 자신감을 갖게 되면 어느 누구와도 진심으로, 편안하게 대화를 나눌 수 있을 것입니다."

김장 처장은 첫 두 달 동안 7,000만 원어치의 정수기를 팔았다. 회사 업무와 정수기 영업을 병행하던 그는 자신의 광고기획사를 후배에게 넘겨주고 본격적으로 영업 전선에 뛰어들었다. 1999년의 일이었다.

고객 맞춤형으로 설명하라

김장 처장은 청호나이스에서 가장 잘나가는 영업 사원임에도 불구하고 차를 갖고 다니지 않는다. 대신 버스나 지하철을 타고 다니면서 쉴 새 없이 휴대폰을 만지작거린다. 휴대폰 전화번호부에 저장된 이름을 보고 그 사람과 관련된 것들을 떠올리며 그가 관리하는 판매직원이라면 뭔가 고민은 없는지, 고객이라면 언제쯤 다시 방문해야 하는지 끊임없이 점검하고 계획을 세운다.

"문자 메시지는 자동으로 삭제될 때까지 그대로 놔둡니다. 웬만하면 안 지워요. 틈나는 대로 보면서 기억해두고 무슨 얘길 해주어야 할지 생각해봅니다."

그는 달변가다. 적절한 비유와 사례로 대화에 생기를 불어넣으며 순식간에 상대방의 마음을 움직이는 것으로 유명하다. 그러나 그런 그도 처음부터 달변가는 아니었다.

"마음에 와 닿는 표현이나 낱말을 발견하면 그 즉시 메모해둡니다. 가능한 한 하나도 놓치지 않으려고 해요. 그리고 그날그날 그것들을 수첩에 보기 좋게 정리해놓습니다. 수첩만큼 간편한 게 없는 것 같아요. 휴대도 간편하고, 필요할 때 바로 꺼내볼 수 있고."

그가 특히 관심을 갖고 메모하는 것은 광고다. '심장을 흔들어놓는 선정적인 문구' 들이 그 안에 다 녹아 있기 때문이다. 20년이 넘게 광고기획사를 운영하면서 터득한 그만의 노하우다. 정치인들의 언행에도 주의를 기울인다. 해야 될 말과 하지 말아야 될 말을 구분하기 위해서다. 주요 신문 기사와 뉴스 역시 반드시 챙겨본다. 영업을 성공으로 이끌려면 과거와 현재를 바탕으로 앞날을 예측할 수 있어야 하므로 시류에 민감하게 반응할 필요가 있다. 그는 이렇게 7년 동안 7권의 수첩을 만들었다.

"정수기 영업도 어느 날 갑자기, 한번 해봐야겠다고 마음먹은 게 아닙니다. 심사숙고 끝에 나온 결론이었지요. 20세기의 마지막 해인 1999년 당시, 21세기의 비전으로 꼽았던 분야들이 무엇인지 아십니까? 생명공학, 인체공학, 정보통신, 그리고 문화와 환경이었습니다. 국가든 기업이든 이 흐름을 따라잡지 못하면 뒤쳐질 수밖에 없다고 했지요. '물' 과 관련된 정수기 사업이 눈에 딱 들어왔습니다."

그는 모든 설명의 초점을 고객에게 맞춘다. 고객이 원하는 정보들을 머릿속에서, 수첩 속에서 쏙쏙 뽑아내, 그가 하는 말들이 불특정 다수가 아닌 고객 자신에게 해당되는 것처럼 느껴지게 만든다. ‘지피지기(知彼知己)’면 ‘백전백승(百戰百勝)’이다. 일단 한 번 그의 그물에 걸린 정보는 절대 빠져나가지 못한다. 들어오기는 쉬워도 나가기는 어렵다. 제품에 대한 지식이야 말할 것도 없다.

“한 직원이 전화기를 붙잡고 고객과 씨름을 하고 있었습니다. 경제 여건이나 기타 조건들을 보니 가장 비싼 제품을 살 고객인데, 전화 내용을 들어보니 제일 싼 제품에 대해 설명하고 있더군요. 그것도 사느니 안 사느니 하면서 말입니다. 안 되겠다 싶어 전화를 넘겨받았습니다. 그리고 5분 만에 제일 비싼 제품을 팔아주었지요.”

물러서야 할 때는 과감히 물러서라

그러나 공격적인 영업이 항상 성공을 보장해주는 것은 아니다. 물러서야 할 때는 과감히 물러설 줄도 알아야 한다는 것이다.

“좋은 관계를 유지하기 위해선 맺고 끊기를 잘해야 합니다. 맺을 때도 잘 맺어야겠지만 끊을 때도 잘 끊어야 하지요. 어쩌면 헤어질 때 어떻게 헤어졌느냐가 더 중요할지도 모릅니다."

그는 영업과 연애를 비교하며 이야기를 계속 이어갔다.

"좋은 기억으로 남는 게 서로 좋지 않겠습니까? 특히나 영업은 고객의 감정을 사는 순간 그걸로 끝입니다. 반드시 나중을 생각해야 하는 일이지요. 물건은 팔지 못했더라도 가망 고객으로는 만들어야 하니까요. 지금 당장은 어려워도 형편이 나아지면 더 큰 고객이 될 수도 있는 게 영업의 세계입니다. 그리고 그때 고객이 누구에게 물건을 구입하느냐는 이전에 그 영업 사원에 대한 기억이 어떠했는지에 따라 결정되기 마련입니다. 좋은 인상을 심어놓으면, 언젠가는 틀림없이 연락이 오게 되어 있습니다."

2002년부터 2005년까지 빠짐없이 판매왕의 자리를 차지한 그는 팀장, 본부장, 국장, 선임국장을 거쳐 2006년, 판매원 140여 명을 관리하는 처장이 되었다. 독립된 회사처럼 움직이는 사업체의 '사장'이라 할 수 있는 위치다. 청호나이스에는 이와 같은 사업처만 19개가 있다.

"저는 승부욕이 있는 사람을 원합니다. 끝까지 물고 늘어질 줄 알아야 하지요. 절대 지지 않겠다는 자세가 필요합니다. 물론 자신의 말과 행동에 대해서는 책임을 질 줄도 알아야겠지요. 자신감은 기본이고요. '이 사람 오늘 안 되면 내일 또 찾아오겠는데' 하는 느낌을 확실하게 전달해줄 수 있는 사람이어야 합니다. 가망 고객이 마음을 열지 않는다면 명민하게 다음 전략을 짤 줄도 알아야 해요.

가령, 무상으로 대여해줄 테니 일단 한번 써보고 나서 판단하라는 식으로 말입니다. 그게 안 되는 사람은 상대방 눈치만 봅니다. 나는 충분히 설명했으니 결정은 네가 하라는 방식으로는 힘들지요. 결정도 내가 할 수 있어야 합니다. 프로페셔널이니까요."

그는 사자는 사자 새끼를 낳지 고양이 새끼를 낳지 않는다면서, 요즘은 유능한 매니저를 양성하는 데 온힘을 쏟고 있다고 했다.

"과거는 이미 잊었습니다. 중요한 것은 바로 지금 이 순간입니다."

2. 꿈이 아닌 비전을 보여줘라

_김동순 스타일리시피플 사장

"귀퉁이가 너덜너덜해진 여권 여섯 개, 대한항공 마일리지 백
만 마일."

김동순 사장은 자신의 인생을 그렇게 요약했다. 여행 가방을
싸고 정리하는 일은 그의 일상이었다. 그리고 그러는 동안 그는,
100퍼센트 자체 브랜드인 SWC 시계를 세계의 시계 전시장이나
다름없는 미국을 비롯한 40~50개국에 수출하는 CEO가 되었다.
SWC는 지난 1998년, 삼성그룹에서 분리된 삼성시계의 새로운 명
칭이다.

"해외 영업 하면 왠지 좋아 보이고 멋있어 보인다고들 하는데

절대 그렇지 않습니다. 업체 찾아가서 인사하고 제품 설명하고, 국내 영업이나 별반 다르지 않아요. 바다 건너까지 제품 들고 찾아가봐야 좋다는 사람은 100명 가운데 기껏 2~3명뿐입니다. 구걸하러 갔다 쫓겨난 사람처럼 느껴질 때도 많았어요."

그는 해외 영업 전문가다. 1991년 삼성시계 입사 후 해외 영업 파트에서만 10년 넘게 잔뼈가 굵은 그는, 2003년 삼성그룹에서 분리되어 나오면서 차장에서 사장으로 파격적인 승진을 한다. 적어도 삼성시계 안에서 김동순만큼 해외영업과 수출에 관해 잘 아는 사람은 없었다. 그러나 사실 그는 입사 전까지 손목시계와 벽시계 외에는 '시계'와 무관하게 살아온 사람이다. 특별히 관심을 가졌던 분야도 아니었다.

"저는 시계를 하나의 가능성으로 보았습니다. 시계는 패션입니다. 시간을 알려준다는 기능적인 측면은 더 이상 중요치가 않아요. 사람들은 이제 단순히 시간을 알기 위해 시계를 사지 않습니다. 귀걸이와 목걸이를 하듯이 시계를 차고, 그러기 위해 구입하지요. 물론 시계를 차지 않는 사람도 많습니다. 하지만 패션 소품의 하나로 좋아하는 사람도 많아졌지요. 또 다른 주얼리 시장으로 성장할 가능성이 큰 매력적인 분야입니다."

그에게 있어 시계를 파는 것은 곧 패션과 문화를 파는 것이다. SWC를 가치 있는 시계 브랜드로 세계 시계 시장에서 살아남을 수 있게 만든 것은 아마도 그와 같은 그의 생각 때문이었으리라.

김동순 사장은 2006년 7월, SWC에서 나와 '스타일리시피플'이라는 회사를 차렸다. 루시어스걸스(Luscious Girls), 너티너티펫츠(Naughty Naughty Pets) 등 4개 브랜드의 시계를 수출하고, 브랜드 라이센싱도 하는 작은 회사다. 전문경영인에서 창업자로의 변신을 꾀한 것이다.

"직원은 10명, 매출은 20억 정도 됩니다. 규모는 SWC보다 작지만 내용물은 더 알찬 회사로 만들기 위해 불철주야 뛰어다니고 있습니다. 얼마 전에 살바도르 달리(Salvador Dali)라는 브랜드도 새로 출시했고요. 한동안 CEO로서 회사에 앉아 경영만 했었는데, 다시 영업인으로 컴백한 것이지요. 며칠 전에도 인도에 갔다 왔습니다. 중동 쪽에서도 오더가 들어왔고요. SWC에서 해외 영업할 때 다져놓은 네트워크가 큰 도움이 되고 있어요. 제품이 나오면 즉시 구매하겠다는 의사를 밝혀온 곳들도 있고요."

| 아니다 싶었을 때 기회가 온다 |

김동순은 삼성시계 영업 사원에서 SWC 사장으로, 다시 스타일리시피플의 창업자로 차근차근 발돋움해왔다. 그러나 처음 삼성그룹 공채에 합격했을 때만 해도 자신이 시계 산업에 종사하게 될 줄은 꿈에도 몰랐다고 한다. "당연히 삼성물산이나 삼성전자로

가게 될 줄 알았어요. 삼성시계는 정말 처음 들어봤습니다. 다른 부서 책임자들은 멋진 양복을 차려입고 있었는데 삼성시계 책임자들은 사복에 운동화를 신고 있더군요. 기분이 묘했습니다. 왠지 인생이 꼬인 듯한 느낌이었습니다. 면접관이 아버지께서는 무슨 일을 하시냐고 묻기에 얼떨결에 '시계를 파십니다.' 했었는데 문득 그 순간이 떠오르더군요. 시계를 팔게 될 운명이었는지도 모르죠. 실제로 아버지께서는 시골에서 작은 사진관을 운영하시면서 시계도 팔고 도장도 파는, 그런 일을 하셨거든요."

70년대 후반만 해도 시계 산업은 삼성그룹의 5대 핵심 사업 가운데 하나였다. 시계는 만들면 팔린다는 분위기가 있었다. 그러나 그가 입사할 즈음, 삼성시계는 적자 회사였다. 시계 수요가 줄어들면서 시계 산업은 점차 사양 산업이 되어갔고, 삼성시계 직원들은 하나같이 패배의식에 젖어 있었다.

"처음에는 열심히만 하면 삼성물산이나 삼성전자로 옮길 수 있을 거라 생각 했어요. 하지만 일을 잘하는 사람은 내보내지 않고, 일을 못하는 사람은 다른 그룹에서 받아주지 않으니 실제로 삼성시계를 떠나는 것은, 회사를 그만두기 전까지는 불가능했습니다. 물론 그때는 몰랐죠. 당연히 가능한 일인 줄로만 알았습니다. 순진했어요."

그는 미소 띤 얼굴로 말을 이었다.

"삼성물산이나 삼성전자는 나 없이도 잘 나가는 곳이니까 내가 있어도 표시가 안 나지만 삼성시계처럼 적자인 회사에서는 일을 잘하면 표시가 날 것이라 생각했습니다. 저는 해외 영업부로 발령이 났고, '무조건 많이 팔아치우자.'는 주의로 돌아선 회사는 마침 해외 영업 쪽으로 눈을 돌리고 있었습니다. 기회라는 판단이 섰죠. 하지만 영업 전선에 뛰어들어보니 영업이라는 게 생각보다 만만치 않더군요. ROTC 시절에 마음속에 새겼던 '사람이 하는 일에 불가능은 없다.'는 정신으로 달려들었습니다."

그는 '구걸하러 갔다 쫓겨난 사람처럼' 업체의 사무실을 나설 때마다 실망하거나 자책하는 대신 돌아서서 노래를 불렀다고 했다.

"살 생각이 없던 물건을 사달라는 사람을 그 누가 반기겠습니까? 대개 문전박대를 당하게 되어 있죠. 하지만 그럴 때 웃을 수 있는 여유가 있어야 성공할 수 있습니다. 성사되지 않은 일에 자꾸만 연연하다 보면 다음 일에도 불운이 따르는 법입니다. 영업은 결국 사람을 설득하는 일입니다. 긍정적인 마인드로 상대를 대하는 것과 부정적인 마인드로 상대를 대하는 것, 어느 쪽이 더 나은 결과를 가져올까요? 대답은 뻔한데, 실제로 그렇게 하기는 쉽지 않습니다. 특히 영업은요."

그의 첫 '필드'는 홍콩이었다.

"외국인 앞에 서 있는 것 자체가 진땀나는 일이었습니다."

세련된 매너도, 유창한 외국어 실력도 없던 그였다.

"카탈로그 한 장 안겨주기도 힘들었지요. 영업은 똑같습니다. 일단은 해외 영업에 대한 환상부터 버려야 했지요. 부스를 차려놓으면 바이어들이 알아서 찾아 올 거라는 생각은 오산입니다."

그는 적극적인 사고방식의 중요성을 강조했다.

"ROTC 생활을 하면서 성공에 필요한 모든 것을 배웠다고 해도 과언이 아닙니다. 낯선 타지에서 맨땅에 헤딩했던 시절에도 큰 도움이 되었지요. '자기 관리'라는 측면에서도 그랬고요. 그때 스스로 일을 개척하고 추진해가는 리더십을 익히지 못했다면 조직을 이끌어나가는 일 역시 쉽지 않았을 것입니다."

그는 이제 막 40줄에 접어들었다. SWC 시절, 본부장들은 전부 50대였고 삼성에 있을 때 상사로 모신 사람들이 대부분이었다. 어린 나이에 사장이 된 그가 현명한 리더십을 발휘하지 못했다면 조직은 금세 와해되어버렸을지도 모르는 일이다.

"소 한 마리로는 100킬로그램을 끌지만 소 두 마리로는 300킬로그램을 끈다는 말도 있지 않습니까? 회사는 결국 팀워크로 움직이는 공동 운명체입니다. 영업도 마찬가집니다. 나 혼자만 잘한다고 해서 되는 일이 아니지요. 반드시 팀워크가 뒷받침 되어야 합니다."

1996년, 삼성시계 영업 사원 김동순은 드디어 미국 시장을 개척한다. 당시 수출가는 개당 140달러. 5,000개를 수주했으니 5억 원가량의 실적을 올린 셈이다. 매출 기준으로만 보면 작지만 미국이라는 거대한 시장에, 그것도 100달러 이상의 시계를 한국 최초로 수출했다는 사실만으로도 크나큰 성과였다.

"샘플 시계 100개를 들고 다녔습니다. 시계 하나가 200그램 정도 되니까 100개면 시계 무게만 20킬로그램이죠. 매일같이 수십 번씩 문전박대를 당하면서 돌아다녀야하는 게 영업입니다. 게다가 미국이라는 땅덩이가 얼마나 넓습니까? 그럼에도 불구하고 선배들이 개척하지 못한 땅, 내가 반드시 개척해내겠다는 신념으로 이를 악 물었습니다."

미국은 세계 시계 수요의 25~30퍼센트를 차지하는 큰 시장이다. 경쟁자도 많고 브랜드도 넘쳐난다. 그러나 그는 그런 미국 시장에 스포츠 시계 브랜드인 '뷰렛(BURETT)'으로 당당히 입성했다. 한국 시계 업체로서는 처음이었다.

"물론 철저한 준비 과정이 있었지요. 한 달에 한 번씩 미국으로 날아가 꼼꼼하게 시장 조사를 했습니다. 디자인이 촌스럽다는 한국 시계에 대한 편견을 깨기 위해 완전히 새로운 개념의 디자인도 도입했고요. 아무런 준비 없이 그냥 제품 하나 덜렁 들고 갔는데

운 좋게 오케이 사인을 받은 것은 아닙니다. 그래서 더 뿌듯했습니다."

그는 우선 시계 부품 조립을 의뢰할 신뢰 있는 스위스 공장을 찾아 협력관계를 맺었다. 시계 시장에서 '메이드 인 스위스'가 주는 위상을 무시할 수 없었기 때문이다. 제품의 가격과 디자인은 시장 조사를 통해 수시로 수정했다. 확신을 갖고 과감히 새로운 사항을 추가하기도 했다.

"모든 영업이 다 그렇겠지만, 특히 해외 영업을 성공으로 이끌려면 장기적이고 치밀한 영업 전략을 가지고 있어야 합니다. 하루 아침에 이루겠다는 생각을 버리고, 부족한 부분을 꾸준히 메워나가겠다는 마음가짐으로 영업에 임해야죠. 그리고 마지막 순간, 자신 있게 상대를 설득할 수 있어야 합니다. 상대방에게 확고한 믿음을 주기 위해서는 진정한 자신감이 필요합니다."

그는 제품이 완성될 때마다 수많은 미국 내 시계 전문매장을 일일이 찾아다니며 프레젠테이션을 했다. 수정된 제품이 나오면 그걸 들고 다시 새로운 매장을 찾아 나섰다. 바이어들을 만나 끊임없이 설득하면서 한국 시계가 가진 새로운 가능성을 보여주고자 노력했다.

"가장 중요한 것은 결국 사람입니다. 무슨 일이든 사람을 만나지 않고서는 비즈니스가 될 수 없습니다. 특히나 영업인들은 인간관계를 넓히는 데 인색해서는 안 됩니다. 일부러라도 인맥을 쌓아야 하죠. 운송회사 직원, 비행 승무원도 알고 지내면 언젠가는 다 도움이 되기 마련입니다. 세상을 움직이는 것은 기계가 아니라 결국 사람이기 때문이죠.”

진심은 반드시 통한다

그의 첫 번째 위기는 1998년 삼성시계가 삼성그룹으로부터 분사된 직후였다. 그리고 2004년 삼성그룹이 ‘삼성’이라는 명칭을 더 이상 쓸 수 없게 만들면서 그에게 두 번째 위기가 닥쳐왔다. ‘삼성’이라는 브랜드가 사라지자 갑자기 바이어들의 반응이 냉담해진 것이다.

“삼성그룹하고 거래했지, 당신들하고 거래한 것은 아니라더군요. 어차피 라이센싱 개념이 아니었냐면서 앞으로 어떻게 당신들을 믿고 거래하겠냐는 것이었죠. 거래를 끊겠다는 얘기였습니다. 어디서부터 손을 대야 할지 정말 난감했죠. 해결책이 보이지 않았어요. 여차하면 직원 모두가 태평로에 있는 삼성 본관 앞으로 달려가 드러누워야 할 판이었습니다. 결국은 다시 처음부터 시작하는 수밖에 없었지요.”

그는 해외 영업 초창기 때처럼 해외에 살다시피 하면서 바이어들을 만나러 다녀야 했다. 하지만 주변 상황은 확실히 초창기 때와는 달랐다. 그는 좀더 확실한 비전을 제시했고, 그를 신뢰한 바이어들은 하나 둘씩 조심스럽게 재계약 의사를 밝혀왔다. 매출에 큰 타격 없이 삼성시계를 SWC로 전환하는 데 성공한 것이다. 지금도 그는 100여 명 이상의 해외 바이어들과 수시로 이메일을 교환하고 있다. 일에 대한 내용보다는 주로 상대의 안부를 묻거나 자신의 근황에 대해 이야기하는 이메일이라고 했다.

"오더를 받아 물건만 넘겨주면 끝나는 시대는 이미 지났습니다. 관리를 잘해야지요. 영업의 절반은 관리입니다. 끝까지 상대방의 신뢰를 잃지 않고 꾸준히 관계를 유지할 수 있어야 비로소 완성되는 것입니다. 지속적인 커뮤니케이션을 위해서는 인간적으로 접근할 필요가 있고요. 따라서 바이어를 만날 때도 단순히 비즈니스로만 접근해서는 안 됩니다. 표시를 내지 않으려 해도 상대방은 느낌으로 다 알아요. 제품을 설명할 때도 없는 사실을 가지고 과장해서는 안 됩니다. 언젠가는 들통 나기 마련이니까요."

그가 인간적인 면모를 중시하는 이유는 간단하다. 영업은 사람을 설득하는 작업이기 때문이다.

"과장이나 가식으로는 절대로 사람의 마음을 움직일 수 없습니다. 진심은 누구에게든, 어느 나라에서든 결국 통하게 되어 있습니다. 내가 당신에게 팔려는 것은 물건 자체가 아니라 그 물건에 담긴 '진심'이라는 것을 반드시 보여주어야 합니다."

비전은 실천 가능한 꿈이다

김동순 사장은 창업한 지 얼마 안 되어 바쁜 요즘에도 반드시 일주일에 한 권 이상 책을 읽는다. 운전을 하다가도 신호등에 걸리면 어김없이 책을 펴드는 그다.

"책은 출장 때 제일 많이 읽어요. 주로 해외로 나가니까. 비행기 안에서만 네다섯 권은 읽는 것 같습니다. 열 시간 이상 비행기를 타게 되니, 해외 출장은 밀린 책을 읽을 수 있는 더없이 좋은 기회죠."

그는 자신의 바운더리를 뛰어넘을 수 있는 유일한 방법으로 '독서'를 꼽았다.

"이제 영업 사원은 자기 제품에 대한 말만 해서는 어렵습니다. 저는 보험 사원이 찾아올 때마다 상품만 갖고 설명하려 들지 말라고 조언합니다. 경제 상황이나 세상의 흐름에 대한 이야기로 먼저 관심을 끌 수 있어야지요. 상품에 대한 이야기만으로는 절대로 계약을 이끌어낼 수 없습니다. 영업 스킬조차도 책을 통해 얼마든지 읽고, 배우고, 체득할 수 있지 않습니까? 책은 일상의 한계, 경험의 한계를 극복하기 위한 가장 훌륭한 수단입니다. 저는 직원들로 하여금 의무적으로 책을 읽고 독후감을 쓰게 합니다. 사내 도서관을 만든 것은 그런 취지에서였죠."

그는 항상 부지런히 움직인다. 조찬 모임에 빠짐없이 참석하고, 저녁에는 무조건 누군가를 만난다. 그리고 주말이면 잊지 않고 각종 교육 프로그램을 찾아 듣는다. 그는 사람들과의 만남으로 스트레스를 풀고, 새로운 에너지를 얻는다고 했다. 잠자는 시간도 아까울 정도라고 하니 말 다했다. 그의 취침 시간은 새벽 1시, 기상 시간은 아침 6시다.

"앞서 말했듯이 사람이 하는 일에 불가능이란 없습니다. 게으름 때문에 가능한 길을 찾지 못하는 거죠. 부지런한 사람만이 실패를 통해 새로운 성공의 방법을 모색할 수 있는 법입니다. 게으르면 게으를수록 기회는 더디게 올 것이고, 그만큼 성공과도 멀어질 것입니다. 제가 직원들에게 규칙적인 생활, 혹은 자기 나름의 규율이 있는 생활을 강조하는 것은 그 때문입니다. 자신과 자기 주변의 작은 일부터 차근차근 실천해나가야 큰 일도 실천할 수 있습니다. '드림'이라는 것은 실천이 따르지 않는, 말 그대로 꿈일 뿐입니다. 하지만 '비전'은 구체적인 실천 방법이 있어 실현이 가능한 꿈입니다. 우리는 고객에게 드림이 아닌 비전을 보여주어야 합니다."

김동순 사장은 인간적인 감정으로 교류할 수만 있다면 조금 부족한 영어라도 다 통하게 되어있다면서 부리부리한 눈을 치켜떴다.

"대학 때 영문학을 전공했습니다만 사실 영어를 유창하게 구사하진 못합니다. 하지만 영어를 현지인만큼 잘 하느냐, 못 하느냐는 실제로 그다지 중요하지 않습니다. 외국인 입장에서 보면 어차피 거기서 거기거든요. 우리도 마찬가지잖아요. 중요한 것은 인간적인 감정의 교류죠. 물론 기본을 무시해서는 안 되겠지만요. 국내에서 영업하는 사람들도 기회가 되면 망설이지 말고 해외로 나가봐야 합니다. 세상이 얼마나 넓은지, 얼마나 다양한 제품들이 해외 시장에 나와 있는지 직접 봐야 안목이 넓어질 수 있어요. 국내 시장에만 안주하고 있어서는 곤란합니다. 당신이 진정한 영업인이라면 말이죠."

3. 시스템으로 성공 확률을 높여라

_신동일 한성자동차 차장

"영업은 냉정한 승부의 세계입니다. 고객을 '신'처럼 떠받든다고 되는 일이 아니죠. 계약을 성사시키지 못하면 말짱 헛일이니까요. 모든 영업인의 꿈은 당장이든, 나중이든 고객의 마음을 사로잡아 한 방에 멋진 '골'을 넣는 것입니다. 나름대로 전략과 전술을 세우고 가혹할 정도로 자기 관리도 하는 건 그래서죠. 하지만 영업은 단판 승부가 아닙니다. 한 번의 승부가 끝나면 또 다른 고객과 새로운 승부를 벌여야 합니다. 그런 점에서 영업은 스포츠 경기와 닮아 있죠."

2006년 메르세데스-벤츠 연간 판매왕의 자리를 차지한 신동일은 2007년에 과장에서 차장으로 승진한다. '왕년에 스키 좀 탔다는' 그는 계약을 성사시키고 차량 출고까지 마치고 나면 멋진 활공으로 금메달을 딴 듯한 느낌이 든다고 했다.

"벤츠 한 대를 계약하고 출고한다는 것은, 곧 나의 설명과 나의 행동이 고객한테 인정받았음을 뜻합니다. 정말이지 만만치 않은 쾌감을 주죠."

그러나 그 또한 처음부터 '왕'은 아니었다. 이전의 그는 매달 꼬박꼬박 나오는 월급을 받아 챙기는 평범한 직장인이었다. 영업은 '왕' 초보나 다름없었다.

"기왕이면 수입차를 해보자 마음먹었습니다. 야심 차게 달려들었죠. 그런데 두 달이 넘도록 한 대밖에 팔지 못한 겁니다. 그것도 지인을 통해 겨우 판 것이었죠. 눈앞이 캄캄했습니다."

그가 PDA를 들어 보였다.

"선배들의 영업 스타일을 답습해서는 안 되겠다 싶었습니다. 단순히 인맥에만 의존하는 구시대적인 패러다임 아래서는 답이 나오지 않았죠. 저는 수첩을 버리고 제 손에 익은 이걸 들었습니다. 우선은 일의 효율성을 높일 수 있는 체계적인 시스템이 필요했죠. 승부의 세계에서 승자가 되려면 이길 확률을 최대한 높여야 하지 않습니까? 운동이든 영업이든 마찬가지라는 생각이 들었습니다."

이후 신동일은 사업장에서 제일 늦게 퇴근하는 사람이 된다.

자신만의 일정관리 프로그램을 도입해보기 위해서였다. 고객과의 통화는 무조건 녹음했다. 그는 매일 밤, 녹음된 내용을 듣고 그날 입수한 새로운 정보들과 함께 정리해 직접 데이터베이스를 구축했다. 그리고 그것을 바탕으로 차근차근 영업 계획을 세워나갔다.

"벤츠에 대한 공부도 게을리하지 않았습니다. 아무래도 고가의 차이다 보니 가격 자체가 판매에 걸림돌이 되었죠. 따라서 먼저 왜 그런지 납득이 가도록 설명할 수 있어야 했습니다."

2005년, 벤츠 영업에 뛰어든 지 불과 1년 만에 신동일은 220여 명의 벤츠 영업자들을 제치고 판매 1위를 차지한다. 1인당 평균 판매 실적은 4~5대. 그러나 그는 그 네다섯 배에 달하는 24대를 팔아치웠다.

"1등이라는 전화를 받고 한참을 멍하니 앉아 있었어요. 뒤늦게 선택한 길이, 내 영업방식이 틀리지 않았구나 싶었습니다. 감동적인 순간이었죠."

나를 떠난 고객도 내 고객

신동일 차장은 어디를 가든 PDA를 손에서 놓지 않는다. 말하자면 그것은 그만의 '비밀 무기'다.

실제로 그의 PDA에는 고객의 인적사항은 물론 통화 내용을 비롯한 기타 정보들까지 세세하게 기록되어 있다. 고객 정보는 구매 예상 차량의 등급과 직업, 취향 등 수십 가지 카테고리로 분류되어 있고, 통화 내용은 처음 나눈 대화부터 최근에 주고받은 대화까지 고객별로 빽빽하게 요약되어 있다. PDA만 봐도 모든 진행 상황이 한눈에 들어왔다.

"비법이라고 하기는 좀 그렇고요. 꾸준히 하기가 힘들어서 그렇지."

현재 그가 관리하는 고객은 4,000명 정도. 이들 중 적어도 한 번 이상 직접 상담을 한 '진성 고객'은 300명쯤 된다고 했다. 그는 2006년 한 해 동안 69대를 팔았다. 이는 2005년 판매량의 세 배에 달하는 숫자다.

"지나가는 말로 '출장 갔다 언제쯤 오는데 그때 보자.' 하실 때가 있잖아요. 저는 그걸 절대 놓치지 않아요. 그때쯤 되면 반드시 연락합니다. 기존 영업자들은 그런 측면에서 조금 약하죠."

그는 DM(다이렉트 메일)에도 상당한 공을 들였다. 이전과 차별화된, 그러나 좀더 강하게 어필할 수 있는 DM이어야 했기에 문안 하나조차 소홀히 할 수 없었다. 연애편지 한 장 제대로 써본 적 없는 토목공학과 출신인 그에게 작문은 그야말로 고역이었다.

"말 그대로 한 줄, 한 줄 짜내듯이 썼습니다. 데이터가 쌓인 지금이야 그 정도는 아니죠. 호칭은 반드시 '고객님'이 아닌 상대방의 '존함'을 썼습니다. '고객님'이라고 부르면 자신한테 온 편지라는 느낌이 덜할 테니까요."

그는 자신의 사진을 박아 넣은 DM 용지를 보여주었다.

"한 번이라도 본 사람이 낫지 않겠습니까? 낯선 매장에 들어왔는데 아는 얼굴이 보이면 친근감도 생길 것 같고."

신동일 차장은 '해약 고객'에게도 잊지 않고 편지를 쓴다. 벤츠를 사거나 사려고 했던 사람들은 어느 정도 경제력이 뒷받침 되는 부유층이다. 자동차의 수명은 대략 10년, 그러나 이들은 3년 정도 타면 차를 바꾼다. 첫 만남에서 차를 팔지 못했더라도 일단 한 번 관계를 맺게 되면 끝까지 '가망 고객'인 셈이다.

"얼마 전에는 벤츠와 BMW를 놓고 고민하다 결국 BMW를 택한 고객이 자기 누님을 소개시켜줬습니다. 벤츠를 구입할 의향이 있다면서. 감사한 일이었죠."

한번은 스키 동호회를 통해 알게 된 어떤 회원이 업무차 만났던 고객이 벤츠에 대해 이야기하는 것을 듣고 자신을 소개해준 적도 있다고 했다. 그는 그 고객에게 벤츠를 판 것은 물론, 7명을 소개받아 벤츠 7대를 더 팔았다. 신동일 차장은 그 동호회 회원이 지금도 자기 대신 영업을 해주고 있다면서 진심으로 고마워했다.

"벤츠를 타시는 분들은 공통점이 있어요. 대개 성공하신 분들이고, 크고 작은 차이는 있으나, 뭐랄까, 다들 성공 철학이라는 걸 갖고 있습니다. 마주앉아 대화를 나누다 보면 '아, 이 사람은 벤츠를 탈 만한 사람이구나.' 하는 생각이 절로 듭니다. 일단 눈빛이

달라요. 열정적이고, 에너지가 넘치죠. 나이나 인상과는 무관한
것 같아요.”

약점을 강점으로

　신동일 차장은 진부령 정상에서도 한참을 더 올라가야 하는,
강원도 두메산골 ‘하늘 아래 첫 동네’에서 태어났다. 덕분에 일찍
부터 나무를 깎아 스키를 만들어 탔고, 초등학교와 중학교 시절에
는 정식 스키 선수로 활약하기도 했다.

　“노력 끝에 오는 성취감이랄까, 그런 게 있다는 걸 그때 처음
알았어요. 가슴 벅찬 느낌이었죠. 중학교를 졸업하고 선수 생활은
접었습니다만, 그래도 대학 때 꿈나무 대표팀 코치를 맡게 돼 해
외 전지훈련차 해외에 나갈 기회가 많았어요. 선수들 인솔하고 다
니면서 또 많이 배웠죠.”

　토목공학을 전공한 그는 대학 졸업 후 한국중공업에 입사했다.
그가 처음 맡은 일은 우면산 터널 공사. 그는 동기 360명 중 첫 진
급 대상인 8명에 포함되었고, 그런대로 잘 나가는 사원으로 꼽히
고 있었다. 학원을 하는 아내와 맞벌이하면서 내 집 마련의 꿈을
안고 성실하게 돈을 모아나갔다. 하지만 집값이 폭등한 2003년,
심각한 회의에 사로잡혔다고 한다. 두 사람의 수입만으로는 뛰어

오르는 전세금을 감당할 수 없었기 때문이다.

"평생 그럴듯한 집 한 채 장만하기 어렵겠다 싶었어요. 1년 만에 전셋값이 2,000만 원이나 올랐죠. 빚내서 겨우 마련한 전셋집이었습니다. 또 빚을 질 수는 없었어요. 뼈 빠지게 벌어 남 좋은 일만 시킨다는 생각이 들었죠. 노력한 만큼 가져갈 수 있는 일을 찾아봤습니다. 제 생각엔 영업이 제격이었죠. 자동차 쪽을 알아보고 있는데, 시장 전망이 밝은 수입차가 눈에 띄었습니다. 그래서 벤츠를 선택했죠."

그러나 벤츠 영업은 수입차 중에서도 베테랑들만 모이는 '진짜' 프로의 세계였다. 다른 곳은 어느 정도 기본급을 주었지만 벤츠는 그렇지 않았다. 차를 팔지 못하면 한 푼도 가져갈 수 없는 구조였다. 그는 4번의 도전 끝에 한성자동차에 들어갔다.

"아내의 학원을 정리하고, 제 퇴직금과 개포동 집 전세금 뺀 걸 합쳐 용인에 있는 아파트를 샀습니다. 벤츠도 한 대 구입했고요. 처갓집에서도 놀랐죠. 벤츠를 팔려면 벤츠를 잘 알아야 한다는 호기에서였습니다. 그러자 더 이상 물러날 데가 없더군요. 목표는 더욱 뚜렷해졌습니다."

하지만 벤츠는 대당 4~5,000만 원가량 하는 자동차다. 그의 주변에는 고가의 수입차를 탈만 한 사람이 없었다.

"뭘 어떻게 해야 할지 모르겠더라고요. 팔기는커녕 살 만한 사람들을 만나는 것조차 불가능했으니까요."

그러나 그에게는 한국중공업에서 갈고닦은 업무 노하우가 있었다. 토목공사는 다방면의 데이터를 바탕으로 오차 없이 업무를 수행해야 하는, 합리적이고 효율적인 시스템이 요구되는 곳이었다. 아날로그적인 방식으로 일을 하는 영업과는 달랐다.

"제가 수입차 영업의 새로운 패러다임을 만들 수 있었던 것은, 어쩌면 영업 초짜였기에 가능했는지도 몰라요. 외부인의 시각으로 영업 현장을 볼 수 있었으니까요."

지킬 수 있는 약속만 하라

신동일 차장의 한 달 판매 최고 기록은 13대다. 한 달에 한 대 판매도 쉽지 않은 수입차 영업 현실을 고려하면 어마어마한 기록이다.

그는 하루에 가망 고객 3~4명 정도를 만나게 된다고 했다. 따라서 고객 한 명, 한 명과 충실한 미팅을 갖기 위해서는 고객들이 한 번에 몰리는 일이 없도록 시간 관리를 잘해야 하는데, 로스 타임이 없게끔 스케줄과 약속 장소를 잡을 수 있는 체계적인 일정관리 프로그램이 큰 힘을 발휘한다고 했다.

"시간 관리와 약속에 특히 신경을 쓰는 가장 근본적인 이유는 한 가지입니다. 벤츠를 타는 사람들은 그런 가치를 중요시하는 분들이니까요. 저 역시 최고의 자동차 브랜드에 걸맞은 영업을 하기 위해 노력하고 있을 뿐입니다."

그는 고객과 계약을 할 때, 입고 가능 날짜가 아닌 실제 입고 날짜를 밝혀둔다. 영업 사원으로서의 실적도 중요하지만 고객과의 약속을 지키지 못했을 때 받게 될 대미지가 더 크기 때문이다.

'다음 달 초쯤 들어올 것 같습니다.' 하면 계약이야 빨리 되겠죠. 하지만 국내에서 생산되는 차가 아니니 변수가 있을 수 있습니다. 차종에 따라 경우 해를 넘길 가능성도 있고요. 입고 날짜가 불확실하면 저는 '내년에나 드릴 수 있을 것 같습니다.' 라고 반드시 이야기합니다. 그러다 계약을 못 하게 될 때도 있습니다만, 계약의 성사보다는 지킬 수 있는 약속을 하는 것이 더 중요하다고 생각합니다."

그는 불확실한 부분에 대해 절대 아는 것처럼 설명하지 않는다. 당연히 장점만 있는 차는 없다. 벤츠도 장점과 단점이 있다. 없는 것을 있다고 하지 않는 것은 그의 영업 원칙 가운데 하나다. 그래서 그는 장점에 대해 완벽하게 공부하고, 고객에게는 장점을 중심으로 설명한다. 단점보다는 장점을 부각시킨다.

"최고의 영업 사원을 만났다는 느낌을 주려고 합니다. 벤츠 전문가 하면 신동일을 떠올릴 정도로 말이죠. 그래서인지 기존 고객에게 다른 분을 소개받는 경우가 많습니다. 저는 고객의 요구사항에 대해 반드시 고객의 관점에서 생각하고 대답합니다. 특별한 영업 매뉴얼은 없습니다."

그는 자동차의 기본 사양에 관한 공부와 타사의 신차에 대한 특징을 파악하는 일에도 많은 시간을 투자한다. 단순히 벤츠의 가치와 장점에 대해 설명하기보다는, 세금 절세 방안이나 고객에게 유리한 구입 방법을 알려주는 것도 구매 확률을 높이기 위한 좋은 판매 전략이라는 판단이다. 그래서 최근에는 금융 쪽 공부도 소홀히 하지 않고 있다.

"꾸준함을 지키는 것이 제일 힘들죠. 오늘 기록하지 않은 하나가 결국 고객 손실로 이어질 수도 있다는 생각을 항상 해야 합니다. 저는 고객을 실제 고객, 가망 고객, 신차가 출시되면 연락해야 할 고객 등으로 분류하고 다시 A/S, 전화, 미팅 등의 항목으로 세분화해 매일 결제 올리듯 스스로 브리핑하고 있습니다."

기억에 남을 영업 사원이 되기 위하여

신동일 차장은 업계 최초로 사비를 들여 개인 비서를 고용했다. 고객들에게 보낼 편지를 부치고, 카탈로그 요청이 들어오면 고객이 최대한 빨리 받아볼 수 있는 방법으로 우송하는 것이 비서의 주된 업무다.

"군이 제가 직접 하지 않아도 되는 일들은 다 넘겨줍니다. 그만큼 저는 다른 데 투자할 수 있는 시간을 확보하는 거죠. 고객들에게 보다 깔끔한 서비스를 제공하고 일의 효율을 높이는 데도 아주 효과적입니다."

그의 동료들은 종종 그에게 묻는다. 대체 비서에게 시킬 일이 뭐가 있느냐. 틀린 얘기는 아니다. 일의 체계가 잡혀 있지 않으면 비서가 있어도 시킬 일이 없을 테니까. 하지만 신동일 차장의 비서는 종일 바쁘게 움직인다. 그들의 잠재 고객과 현재 고객을 위한 서비스를 완벽하게 제공하기 위해서다.

"벤츠 판매 역사에 길이 남을 영업인이 되고 싶습니다. 벤츠 영업만큼은 국내는 물론 아시아 최고라는 소릴 듣고 싶군요. 저는 연봉 2, 3억에 만족하지 않습니다. 노후가 보장되는 일도 아니고, 퇴직금도 없고요. 운동선수랑 비슷하죠. 연봉이 2억이니 3억이니 해도 평생 뛸 수는 없지 않습니까? 현상에 안주할 수는 없죠."

그는 6시에 일어나 간단하게 식사를 하고, 6시 30분까지 스포츠 센터로 가 러닝머신을 뛴다. 운동을 마치고 출근하면 오전 8시. 그가 건강을 지키기 위해 매일같이 반복하고 있는 아침 일과다.

"결국은 자기와의 싸움입니다. 남들보다 열심히 할 수 있다는 자신만 있으면 성격 같은 것들은 부차적인 문제죠. 성격으로 영업하는 시대는 이미 지났습니다. 영업에 맞는 성격이 따로 있는 것도 아니고요. 프로페셔널을 꿈꾼다면 먼저 얼마나 철저하게 자기 관리를 하고 있는지 점검해볼 필요가 있습니다. 일하는 방식이 현대의 패러다임에 맞는지, 효율적인지, 뒤쳐지지 않았는지 따져보는 것은 그 다음이겠죠."

그는 고객과 약속이 있다면서 자리에서 일어났다.

"벤츠는 장인정신이 투철한 차입니다. 안전에 관해서만큼은 고집스러울 정도죠. 한 번 목표를 세우면 좀처럼 흔들리지 않는 고집, 벤츠에는 그런 게 있습니다. 돈만 있으면 누구나 탈 수 있지만 아무나 선택하지 않는 차가 또 벤츠입니다. 영업을 하다 보면 배울 점이 많은 분들을 많이 만나게 됩니다. 저도 언젠가는 그분들처럼 누가 봐도 벤츠를 몰 자격이 있는 사람이 되도록 노력할 것입니다."

양복을 잘 차려입은 누군가가 아들이라 여겨지는 꼬마의 손을 잡고 함께 매장 안으로 들어왔다. 신동일 차장은 환하게 웃으며 그들을 맞았다.

4. 아는 만큼 보이고, 보이는 만큼 팔 수 있다

_이진우 우리은행 광주 진월동 지점장

이진우 지점장은 2005년, 말 그대로 '대박'을 터뜨렸다. 혼자서 280억 원어치의 펀드를 팔아치운 것이다. 이는 우리은행은 물론 모든 은행권을 통틀어 그 어느 지점에서도 거두지 못한 최고의 판매 실적이다. 그는 펀드에 처음 '필이 꽂힌' 2004년 초부터 '미친 듯'이 펀드를 팔기 시작했다. 그리고 그해 말 강남, 분당의 내놓으라 하는 PB전문 점포를 모두 제치고 펀드 판매 1위에 올랐다.

"후배들이 강남 지점으로 옮기라고 했어요. 오가는 돈의 규모가 다르니 훨씬 높은 실적을 낼 수 있을 거라면서요. 하지만 굳이 그렇게까지 할 생각은 없었습니다. 제가 떠나면 거래를 끊겠다는 고객들이 많았어요. 그분들의 신뢰를 져버리면서까지 실적을 추구하고 싶지는 않았습니다."

해외 뮤추얼 펀드가 나온 것은 2003년 봄이다. 당시 이진우 우리은행 북가좌동 지점 부지점장은 본점 교육이 있을 때마다 교육 자료를 몽땅 싸들고 와 자신의 지점 고객들에게 나누어주었다. 그를 통해 가입한 고객들은 펀드 투자로 큰 수익을 냈고, 1년 만기가 되면서 자연스럽게 재투자로 이어졌다. 그는 2004년 1/4분기에만 해외 뮤추얼 펀드 100억 원어치를 팔았다. 전국 지점 가운데 1위였다.

"펀드 가입은 이제 필수입니다. 고수익에, 놀라운 절세효과를 볼 수 있는 펀드를 따라갈 만한 상품은 없다고 판단됩니다."

이 지점장은 한 고객의 사례를 들었다.

"작년 10월에 10억 50만 원을 넣은 분이 있는데, 100여 일 만에 2억 3,500만 원이라는 수익이 발생했습니다. 그런데 세금이 134만 원밖에 안 됩니다. 정기예금으로 발생한 수익이었다면 15.4퍼센트인 3,500만 원가량을 세금으로 내야 하거든요."

그는 구체적인 사례를 제시할 수 있게 되면서 설명하기가 한결 나아졌다고 말한다. 몇 해 전 전국적으로 불었던 적립식 펀드 열풍 덕도 많이 봤다고 했다. 펀드의 매력에 눈을 뜬 사람들이 많아졌다는 것이다.

"초기에는 펀드에 대한 인식이 낮아 애를 좀 먹었죠. 주식투자로 손해를 본 경험이 있는 고객들은 쉽게 마음을 열지 않았고요. 저는 소액이라도 일단 투자해볼 것을 권했습니다. 우선은 10만 원 정도만 넣어보라고요. 10만 원이든 10억 원이든 수익률은 똑같거든요. 대부분 한 달 안에 추가 불입을 해야겠다면서 찾아오십니다. 수익률이 높다는 게 딱 보이니까요. 고객을 설득하는 일은 미성년자에게 성교육을 시키는 것과 별반 다르지 않습니다. 그만큼 노력을 기울여야 한다는 얘기죠."

이진우 지점장은 요즘 주말도 반납한 채 사방팔방으로 뛰어다니고 있다. 호남 지역 금융계에 변화의 바람을 불러일으키기 위해서다. 그는 5년 후쯤 전남 나주시에 생길 혁신 도시로 한전 본사를 비롯한 17~18개 회사가 내려올 예정이라면서 토지 보상금을 잡아볼 계획이라고 했다.

"온 신경이 그리로 쏠려 있는 상태예요. 내려와 보니 정기예금이 펀드보다 많더군요. 물론 지금은 역전되었습니다. 정기예금이 290억, 펀드가 420억 정도 되죠. 수신 쪽은 완전히 펀드 위주로 영업하고 있어요. 지역 신문에 재테크 칼럼도 기고하고 있고, 얼마 전에는 지역 방송 인터뷰도 했습니다. 은행 내 호남 영업본부 교육도 나가고 있고요."

이진우 지점장은 또다시 2006년에 500억이라는 엄청난 실적을 올렸다. 은행장 표창과 그랑프리를 받은 그는 2007년 4월, 광주 진월동 지점 지점장으로 발령이 났고, 현재 가족과 떨어져 사택에 머물며 '기러기 아빠'로서 가장의 역할을 다하고 있다. 이 지점장의 고향은 광주 인근인 화순. 광주는 그의 홈그라운드나 마찬가지다.

"아는 만큼 보이고, 보이는 만큼 팔 수 있습니다. 고객의 신뢰를 얻으려면, 최소한 고객보다는 경제에 대해 '잘' 알고 있어야 합니다."

그는 2007년 8월, '우리나라 금융시장에서 적립식 펀드의 역할 – 장기 생존에 따른 노후자금 마련의 한 방편'이라는 논문으로 연세대학교 대학원에서 석사학위를 받았다.

"단순히 펀드 판매에만 치중해서는 고객의 신뢰를 얻을 수 없습니다. 경제와 금융에 대한 식견도 어느 정도는 갖추어야 한다는 얘기죠. 이쪽에서 '신뢰' 받는 사람이 되기 위해선 당연히 '경제 공부'가 뒷받침 돼야 하지 않을까요? 경영대학원에 들어가 금융 공학 과정을 밟은 것은 그런 이유에서였습니다. 환율이니 파생상품이니, 거시경제니 미시경제니 하는 것들이 여러 모로 큰 힘이 되고 있지요."

그는 도움이 될 만한 세미나가 있으면 반드시 참석하고, 주요 경제지표도 그때그때 챙겨 정리해둔다. 고객의 자산을 맡아 관리하는 만큼, 주가에 영향을 미칠 수 있는 요소들에 대해 나름대로 의견을 제시할 수 있어야 하기 때문이다. 그는 금융통화위원회나 미국 공개시장위원회 같은 금융 관련 위원회가 열리거나 선물, 옵션 만기일 등 주가 변동성이 커질 수 있는 날이면 특히 신경을 곤두세운다고 했다.

"자금을 대기시켰다가 주가가 폭락하면 저가 매입에 들어가고, 일정 수익률 이상이 나오면 환매합니다. 정해진 날짜에 기계적으로 돈을 넣거나 빼는 게 아니라, 고객에게 가장 유리한 타이밍을 골라 움직이는 것이죠. 저는 원금의 10퍼센트 이상 수익이 나면 일단 환매를 권유합니다. 몇 년 동안 펀드를 판매하면서 얻은 일종의 노하우죠. 우리 주식시장은 주가 조정 때 하락폭이 커서 고객들이 불안해하는 경우가 많아요. 만기 때까지 기다리기보다는 일정 수익이 나면 환매한 다음 다시 들어가는 게 좋습니다."

이 지점장은 언제든 환매가 가능한 펀드를 우선순위로 두고 있다. 최악의 경우 즉시 빠져나오기 위해서다.

"저는 항상 새로운 전략에 대해 고민합니다. 가령, 지난해에는 10개가량의 펀드에 분산 투자할 것을 권유했지만 올해에는 굳이 그럴 필요가 없다는 쪽으로 전략을 바꾸었습니다. 펀드 간 우열이 금방 드러나는 데다, 계좌가 여러 개다 보면 주가가 급락할 때 빠지기 힘들거든요. 기동성이 떨어지니까요. 또 최근에는 거액 자금도 적립식화 하면 어떨까 하는 생각을 하고 있습니다."

은행에서 적립식 펀드의 비중은 사실 그리 높지 않다. 실제로 그가 관리하는 자금 가운데 적립식이 차지하고 있는 비중은 10퍼센트 정도다.

"적립식 투자는 미국에서 60년 이상 검증받은 뛰어난 투자 방법이죠. 장기간 넣기만 하면 틀림없이 많은 수익을 낼 수가 있거든요. 그러니까 거액에도 거치식이 아닌, 적립식 투자 방법을 적용해보자는 얘기죠. 이를테면 10억 원을 5,000만 원씩 20개월, 혹은 1억 원씩 10개월로 나누어 넣는 것입니다."

철저한 사전준비, 꾸준한 사후관리

그는 자신이 직접 검증한 상품만 판다. 고객의 수익을 먼저 고려하는 자신의 판매 원칙에 따른 일종의 행동 수칙이다.

"새로운 상품이나 운용사가 있을 경우, 먼저 제 돈을 10만 원 정도 넣어보고 실적이나 운용사의 특성을 파악해봅니다. 10개월 정도 지켜보고 나서 고객에게 판매한 적도 있었습니다."

이 같은 철저함 때문일까? 실제로 그를 믿고 선뜻 거액을 맡기는 고객이 적지 않다. 수십억 원짜리 청구서를 써놓고 알아서 해

달라는 고객도 있었다. 심지어 그가 관리하는 고객 가운데는 다른 은행의 임원도 있다.

"고객의 소개를 받고 멀리서 일부러 찾아왔다는 분들이 많았습니다. 그럴 때마다 더 힘이 났죠."

펀드는 일단 팔고 나면 그만인 일반 상품들과는 다르다. 철저한 사후관리가 필수다. 그러므로 한 번 고객은 영원한 고객이라는 생각으로 고객을 대해야 한다. 당연하겠지만, 펀드 고객은 조금이라도 손해를 보면 그 순간 가차 없이 돌아서버린다.

"고객들의 가장 큰 관심사는 단연 수익률입니다. 저는 고객 수익률 표를 만들어놓고 매주 한두 번씩 주기적으로 수익률을 체크합니다. 점포를 자주 방문하는 고객에게는 그때그때 수익률을 말씀드리고, 자주 방문하지 못하는 고객한테는 제가 직접 전화를 걸어 알려드리고 있습니다."

그러나 그가 아무리 신경을 써도 펀드 수익률은 결국 주가의 영향을 받게 되어 있다. 그는 단기간에 수익이 나지 않는다고 조바심 낼 필요가 없다면서, 성급한 일부 고객들에 대해 안타까움을 표시했다.

"재작년 1월인가, 주가 조정에 들어갔을 때였습니다. 대부분이 저를 믿고 기다리셨지만, 몇몇 고객은 환매해가셨죠. 그 전 해 12월에 가입한 펀드의 경우는 일부 손실이 나기도 했고요. 하지만 정기예금 만기가 보통 6개월, 1년인 것처럼 펀드도 최소한 그 정도는 투자해야 판단이 가능합니다. 그러니 되도록이면 여유자금으로 투자하는 게 안전하겠죠."

미래를 준비하라

이진우 지점장은 은행 내에서도 대단한 '노력파'로 인정받고 있다. 그는 2001년부터 7년 동안 자격증 7개를 취득했다.

"IMF 때였어요. 구조 조정이니 금융 산업 변화니 하는 말들이 떠돌고 있었습니다. 위기감이 느껴졌죠. 이대로 가만히 있으면 안 되겠다 싶었습니다. 무언가 준비해야겠다는 생각이 들었지요. 고민하던 차에 금융 자격증들이 눈에 들어왔습니다."

현재 그가 가지고 있는 자격증은 국제공인개인재무설계사(CFP), 금융자산관리사(FP), 투자상담사 2종(증권투자상담사), 1종(선물거래상담사), 인보험대리점, 손해보험대리점, 변액보험판매관리사다. 그는 틈이 날 때마다 자격증 공부에 몰두했다. 시간이 없으면 잠을 줄여서라도 공부할 시간을 만들었다. 주말은 주로 학원에서 시간을 보냈다. 학원 때문에 여름휴가를 반납한 적도 있었다.

"제가 약간 완벽주의자 측면이 있어서요. 자격증 시험을 앞두고 일주일 휴가를 내서 공부한 적도 있었죠."

이 지점장은 동료, 후배 직원들에게도 자격증 따기를 '강권'한다고 했다. 한번 배워두면 퇴직 후에도 유용하게 사용할 수 있기 때문이다. 덕분에 이 지점장이 있었던 우리은행 북가좌동 지점에는 국제공인개인재무설계사가 세 명이나 됐다. 단일 기관으로는 가장 많은 숫자다.

"의외로 은행원들이 저축을 못하더라고요. 자격증이 있으면 아르바이트를 하더라도 좀 더 좋은 조건으로 할 수 있을 텐데 말이죠. 저는 직원들에게 자격증 리스트를 만들어 취득하지 않은 자격증을 목표로 두고 생활하기를 권하고 있습니다. 사실 저도 처음 공부할 때는 언제 써먹겠나 싶었거든요. 그런데 막상 공부를 시작하고 보니 고객들 얼굴이 하나하나 떠오르는 겁니다. 아, 이 내용은 어느 고객에게 도움이 되겠구나, 이 내용은 어떤 고객한테 필요하겠구나. 당장 적용 가능한 걸 배우고 있다 생각하니 공부가 재미있더군요. 자격증이 하나씩 늘어나면서 그만큼 무언가가 내 안에 차곡차곡 쌓여가는 느낌도 좋았습니다. 실제로 그것들은 은행 업무를 볼 때도 큰 도움을 주었고요. 보람이 있습니다."

| 자극을 받아야 의지가 생긴다 |

그는 요즘 결석 때문에 건강이 좋지 않다. 몸 관리를 소홀히 한

탓이다.

"AFPK, CFPK를 동시에 준비하느라 무리한 것 같습니다. 소화도 잘 안 되고. 잠을 많이 못 잤어요. 스트레스가 원인이겠죠. 금액이 커지니 작은 실수도 용납이 안 돼요. 물론 저 때문에 손해를 보신 분은 아직 없어요. 당연히 앞으로도 없어야겠죠."

이 지점장은 2004년부터 CFP 합격자들로 구성된 스터디그룹을 만들어 활동해왔다. 은행 내에서 분기별로 한 번씩 강사를 초빙해 특강을 열기도 했는데, 강의 주제는 주로 세계 경제나 우리나라 경제, 주가에 영향을 미칠 수 있는 각종 요소들에 관한 것이었다.

"도움이 되겠다 싶은 교육이 있으면 가급적 참여하려고 합니다. 사비를 들여서라도 놓치지 않으려고 하죠. 이제 은행에도 개인별 성과급제가 도입됩니다. 결국 상품을 많이 팔아야 한다는 얘긴데, 그러려면 우선 많이 알아야 합니다. 아는 만큼 팔게 되어 있습니다. 따로 공부를 해야 한다는 것이죠. 자격증을 따든지, 대학원엘 가든지. 자기만 부지런하면 인터넷으로도 충분히 가능하고요. 세리 같은 연구소 사이트도 있죠. 반드시 학원이나 학교에 가야할 필요는 없습니다. 문제는 의지죠. 자극을 많이 받아야 해요."

그는 틈이 날 때마다 신문을 읽고 메모를 한다. 정부와 기업에서 발표한 각종 실적 자료들을 정리하고, 각종 만기일과 금융 관련 위원회, 한국은행 소비자물가지수와 같은 주가 변동 요인을 확인한다. 전문가만큼이나 전문적인 고객들을 상대하기 위해서는 시시때때로 자신을 업그레이드해야 할 필요가 있기 때문이다.

"하루 중 가장 중요한 시간대는 3시 무렵입니다. 주가가 어떻게 끝날 것인가를 예측해야 하거든요. 3시 주가를 기준 가격으로 다음날 정식 신고가 되니까요. 포인트는 물론 저가 매입, 고가 매도죠."

그는 고객과의 '신뢰'를 지키기 위해 부단히 노력하고 있다. 언제나 새로운 정보를 바탕으로 새로운 전략을 세우고, 정보와 전략이 정확하게 맞아 떨어져 최대한 실수가 없도록 끊임없이 준비하고 공부한다. 아마 오늘도 그의 머릿속은 새로운 전략과 전략에 대한 점검으로 가득 차 있을 것이다.

"우리 증시는 이미 장기 상승 추세에 들어섰다고 판단됩니다. 투자에 대한 인식도 많이 바뀌었고요. 미국은 1940년대에 적립식 투자가 나왔고, 1978년부터 401K 퇴직연금 제도가 시행되었습니다. 퇴직연금이 정착되는 데는 2~3년이 걸렸고요. 미국 증시가 불붙기 시작한 것은 1980년대 초부터였습니다. 1982~1986년까지 4년간 매년 50퍼센트 정도씩 폭발적으로 늘었죠. 우리나라에서도 재작년부터 퇴직연금 제도가 시행되었습니다. 이제 2년 지났으니 우리도 앞으로 1~2년 사이에는 정착이 될 듯해요. 제도가 정착되면 퇴직연금 쪽에서 증시로 흘러들어가는 자금이 늘어나겠죠. 없던 자금이 증시로 들어가는 것이니 전망은 좋다고 할 수 있습니다."

그는 모처럼 서울에 올라갈 일이 생겼다면서 밝은 얼굴로 은행 문을 나섰다. 그의 휴대폰 벨이 울렸다. 아내다.

고객에게 딴 1점도 확실히 지키는 마무리맨이 되어라

고객 관계 유지 프로세스

9 788952 208088
SALES

1. 고객이 필요로 하는 사람이 되어라

_김문희 아모레퍼시픽 원당점 수석지부장

김문희는 종일 종종걸음을 친다. 하이힐은 넘어질까 두려워 신을 엄두도 못 낸다. 하루에도 수십 번씩 몸이 2개, 3개였으면 좋겠다는 생각을 한다. 쉴 틈 없이 휴대폰이 울려댄다. 배터리 하나로는 부족하다. 그래서 그녀의 휴대폰은 늘 충전 중이다. 특히 비나 눈이 오는 날이면 일일이 받아줄 수 없을 만큼 전화가 폭주한다. 다들 그녀를 만나고 싶어 한다. 인기 스타가 따로 없다.

"제가 가장 소중히 여기는 건, 시간이에요. 눈 한 번 깜박 하면 일주일이 지나가버리죠. 저한테는 사람 만나는 일이 그만큼 재밌어요. 그러니 시간도 빨리 가는 거겠죠. 처음 화장품 영업에 발을 들여놓았을 때는 세상 물정 모르는 아이였는데, 여기서 '진짜' 인생을 배운 것 같아요."

김문희 지부장이 주목을 받게 된 것은 1년 만에 영업 실적을 2배 가까이 끌어올리면서부터다. 롤리타 렌피카 프랑스 향수 판매 전국 4위. 월 700~800만 원이던 매출이 불과 1년 사이에 1,000~1,500만 원으로 뛰었으니 그럴 법도 하다. '원당에는 김문희가 있다'는 말이 나왔을 정도였다. 그러나 그녀는 아직 그해 가장 뛰어난 실적을 올린 카운슬러에게 주는 연도 대상을 받지는 못했다. 물론 가장 유력한 차기 후보다. 실적만 놓고 보면 타고난 영업 사원이다.

하지만 그녀는 전형적인 화장품 영업 사원의 모습과는 거리가 멀다. 화장품을 바리바리 싸들고 다니지도 않고, 대놓고 팔아 달라 사정하지도 않는다. 간혹, 영업하는 사람이 너무 건방지지 않느냐는 농담 섞인 핀잔을 듣기도 한다. 그럼에도 불구하고 그녀를 만난 사람들은 앞 다투어 그녀에게 화장품을 산다. 그녀의 고객들은 그녀가 화장품 영업을 한다는 사실을 잊을 때가 많다고 한 목소리로 말한다.

"영업도 사람을 먼저 생각해야 해요. 결국은 사람이 쓸 물건을 파는 거잖아요. 물건은 부차적인 것이죠."

영업이란 결국 '나'를 팔아야 하는 일이다. 실제로 그녀는 고객이 부탁하면 대신 옷도 사다주고, 신발도 사다준다. 몸이 아프다는 고객이 있으면 찾아가 죽을 끓여주기도 한다. 같이 미용실에 가기도 하고, 가끔은 함께 여행을 떠나기도 한다. 아들 면회를 가고 싶다는 고객과 함께 군부대를 찾아간 적도 있었다. 고객들이 스스럼없이 마음의 문을 여는 데에는 다 이유가 있다.

"한밤중에 바다가 보고 싶다는 전화를 받은 적도 있어요. 주저 없이 옷을 챙겨 입고 집을 나섰죠."

이 정도면 화장품 카운슬러라기보다는 인생의 카운슬러에 더 가깝다. 그녀의 고객들은 고민을 털어놓을 상대가 필요할 때마다 어김없이 그녀를 찾는다. 하지만 사실 그녀는 말이 많은 편이 아니다. 아니, 오히려 말수가 적은 사람이다.

"어렸을 때부터 말을 많이 하기보다는 남의 말을 잘 들어주는 아이로 통했어요. 누구나 털어놓기 힘든 비밀이 한 가지씩은 있잖아요. 그런데 다들 저한테는 부담 없이 얘기해요. 대부분 저보다 나이가 많은 언니들이거든요. 이야기를 하면서도 그러죠. 왜 이런 애길 동생인 너한테 털어놓는지 모르겠다고."

이렇게 그녀를 찾는 '언니'들은 그녀에게 있어 고객 이상의 존재나 다름없다. 그녀를 단순한 화장품 영업 사원이 아닌 '괜찮은 사람' 으로 주변인들에게 소개시켜주기 때문이다. 고객이 영업을 대신 해주니 일도 수월해졌다. 가끔 '언니' 들이 친정과 시댁 식구들에 대해 수다를 떨 때면 동참해 신나게 떠들기도 한다. 그녀도 '언니' 들 덕분에 스트레스를 푸는 셈이다. 일석삼조다.

"이 일을 시작하고 나서 성격이 더 좋아진 것 같아요. 스트레스가 쌓일 틈이 없거든요. 여러모로 고마운 일이죠."

김문희 지부장은 영업 사원이 지녀야 할 가장 큰 덕목으로 '정직' 을 꼽았다.

"고객은 금방 알아요. 화장품은 써보면 금방 알거든요. 고객과 꾸준히 좋은 관계를 유지하기 위해서는 절대적으로 정직해야 해요. 그리고 진심을 담아 이야기하면 반드시 그 힘이 전해진다고 믿어요. 비결이 따로 있는 게 아니에요. 사람을 많이 만나다 보니 사람 보는 안목이 생겼나 봐요. 척 보면 나를 필요로 하는 사람인지 아닌지 알겠더라고요. 정을 주고 제 사람이 됐다고 느껴야 진짜 제 사람이 되는 것 같아요. 아니다 싶어 진심을 주지 않은 사람은 결국 떨어져나가더군요."

물론 그녀가 화장품 이야기를 전혀 하지 않는 것은 아니다. 그녀는 제품에 대한 정보를 철저하게 챙겨둔다. 그러고는 신제품이 나올 때마다 세부적인 내용들까지 일일이 찾아보고 공부하면서 강사들에게 물어 '마스터' 해야만 직성이 풀린다고 했다.

"직접 써보지 않은 제품은 절대 권하지 않아요. 화장품은 써봐야 알아요. 부드러운지, 뻑뻑한지, 자신한테 맞는지 맞지 않는지. 꾸준히 발라야만 효과를 보는 제품도 있어요. 한두 번 써보는 것만으로는 모르죠. 모르면 특별히 해줄 얘기도 없고요. 잘 알아야 할 얘기도 많지 않겠어요? TV를 볼 때도 미용 관련 정보들은 빼놓지 않고 보게 되요. '고객을 예뻐지게 하는 것'은 제 책임이니까요."

영업을 하며 삶을 찾다

그녀가 아모레퍼시픽을 찾기 전인 2001년까지만 해도 그녀는 평범한 결혼 10년차 주부였다. 당시 그녀의 나이는 서른한 살. 막내아이가 네 살이었고, 세 살 터울인 아이가 위로 둘이나 더 있었다.

"20대 초반에 결혼해 아이 셋을 낳았어요. 십 년 가까이 애들이랑 씨름하면서 집안일만 하다 보니 우울증이 생기더라고요. 무슨 일이든 해야겠다고 고민하던 차에 화장품이 눈에 들어왔어요. 평소 피부 미용에 관심이 많았거든요. 신입 카운슬러 양성 교육 때 메이크업과 마사지를 배울 수 있다는 점도 마음에 들었어요."

경락이나 마사지 숍을 운영해볼까 하는 생각도 있었다. 그러나 아이를 키우면서 일을 하기에는 시간 활용이 비교적 자유로운 영업이 적격이었다. 일을 하다 그만 두더라도 경제적인 손실이 덜할 것이라는 이유도 있었다.

그녀의 1호 고객은 앞집 아주머니다. 앞집 아주머니는 그녀가 일에 대한 조언을 구했던 첫 의논대상이었다.

"책임감도 있고 사람을 좋아하는 성격이니, 적성에 맞지 않겠느냐고 하셨어요. 열심히 하라고 힘이 들 때마다 격려해주셨죠. 생각만큼 쉬운 일은 아니었어요. 유치원에 애들 데려다주고 데려오고 하는 일이 말 그대로 일이 되었죠. 솔직히 말하면 처음 6개월 동안은 밖에 나오는 재미로 일했어요. 남편이 자영업을 해 돈이 궁한 처지는 아니었죠. 돈보다는 내 '일'이 생겼다는 사실 자체만으로도 기뻤어요. 집 밖에 있을 곳이 없었던 때에 비하면 정말이지 행복했습니다. 사람들에게 세상 돌아가는 이야기를 듣는 재미도 쏠쏠했고요. 건강해지고 예뻐지고, 그래서 더 열심히 한 것 같아요."

화장품 영업은 시간에 얽매이는 일이 아니다. 때문에 시간을 자유롭게 쓸 수 있다는 장점이 있다. 하지만 시간을 효율적으로 쪼개 써야 하므로 항상 바쁘다. 여전히 여가를 가질 수 없다는 단점이 있다.

"재미만으로 할 수 있는 일은 아니잖아요? 내가 이 일을 계속해야 하나 심각하게 고민한 적도 많았어요. 아이들 키우면서 그냥 편하게 살 수도 있는데. 유치원에서 애들이 '엄마 언제와?' 전화할 때마다 가슴이 찢어질 것처럼 아팠죠. 하지만 막상 그만 두려니 망설여지더군요. 도로 전업주부가 되고 싶진 않았어요."

그녀는 이 일을 시작하기 전, 남편과 아이들에게 약속했다. 저녁 6시까지는 반드시 집에 와 있겠다. 그러나 세상 일이 어찌 자신 뜻대로만 되랴. 퇴근 시간은 어느덧 저녁 8시로 늦춰졌다. 저녁 8시를 넘기게 되는 경우도 적지 않았다. 하지만 이제는 그녀의 남편도, 아이들도 그녀를 이해하고 집안일을 돕는다. 알아서 밥도 차려먹고 청소나 빨래를 대신 해주기도 한다.

"남편과 애들한테 너무 고맙고, 또 미안하죠. 애들한테 특히 미안해요. 함께 많은 시간을 보냈어야 하는데 그러지 못했잖아요. 그래도 우울증에 걸린 엄마보다는 활기차고 예쁜 엄마가 낫지 않겠어요?"

좋은 제품이 먼저다

영업 초창기에는 남편과 주변 사람들의 도움으로 어렵지 않게 일을 해나갔다. 그녀는 원당에서 초등학교를 나왔고, 다행히 주변에 동창들이 꽤 많이 남아 있었다. 하지만 반년 정도가 지나자 연고 영업은 결국 그 한계를 드러냈다. 고객은 더 이상 늘어나지 않았고 새로운 돌파구가 필요했으나 어떻게 뚫고나가야 할지 몰라 막막했다.

"지인을 통해 우연히 알게 된 분이었어요. 무속인이었는데 명함을 받는 순간 너무 기분이 좋았다고 하시더군요. 그분은 만나자마자 고객이 되어주셨어요. 얼마 되지 않아 그분의 고객들까지 전부 제 고객이 되었죠."

그녀는 그 무속인에게 '영업 노하우' 한 가지를 전수받았다고 했다.

"절대 영업하는 사람이라는 걸 먼저 내세우지 말라고 하셨어요. 목적을 갖고 접근했다는 인상을 주면 안 된다고. 선입견이 생긴다는 거예요. 일단 서로 좋은 사람이라는 걸 느끼게 되면 영업은 자연스럽게 따라붙는다고 하시더군요. 그런데 정말로 그랬어요. 다른 세상이 열린 듯한 기분이었죠."

힘을 얻은 그녀는 새롭게 시작한다는 기분으로 영업일에 박차를 가했다. 1년이 지나자 직급이 생겼고, 직급이 생기자 욕심이 하나 더 늘었다. 연말 시상식 때 남들이 상 받는 모습을 보니 자극이 되더라는 것이다. 그녀는 나라고 판매왕이 못 되겠느냐는 마음으로 새로운 1년을 계획했다. 기왕 시작한 일, 최고가 되고 싶었다.

"부러워하는 데서 그치면 절대 앞으로 나아갈 수 없어요. 나도 할 수 있다는 자신감을 갖고 끝까지 밀어붙여봐야죠. 시작이 반이라는 말도 있잖아요. 그런 자세로 시작만 할 수 있어도 절반은 성공한 것이나 다름없어요. 제가 보장하죠. 나머지는 알아서 따라오게 되어 있어요."

각오를 새로이 하니 길이 보였다. 그녀는 일단 아모레 퍼시픽에서 직원들을 대상으로 실시하는 자격증 시험 1등을 목표로 잡았다. 남편과 아이들이 잠든 늦은 밤부터 새벽까지 열심히 책을 들여다보면서 생애 처음으로 열정을 불태웠다.

"사실 전 1등과는 거리가 먼 사람이었어요. 하지만 막상 공부를 해보니 그다지 불가능한 일만은 아니겠구나 싶더군요. 공부를 하다 밤을 새운 적도 많았어요. 600명이 시험을 치렀는데 당당히 1등을 했습니다. 자신감이 생겼죠. 이후에 치른 제품, 메이크업 교육과정 시험에서도 1등을 차지했고요."

그러나 그녀는 결국 모든 공을 회사로 돌렸다. 코피가 쏟아지도록 공부하고 발에 땀이 나도록 뛰어다녀도 제품이 좋지 않으면 아무런 소용이 없다는 것이었다.

"다 회사에서 '혜라' 같은 좋은 제품을 잊지 않고 업그레이드해준 덕분이에요. 제품이 나쁘면 열심히 뛰어다녀봤자 거짓말쟁이밖에 더 되겠어요? 제품이 좋으니 저도 쉽게 매출을 늘릴 수 있었던 거죠. 종종 회사에 주문합니다. 영업은 알아서 할 테니 제품만 좋게 만들어달라. 저도 소비자의 한 사람이고, 써보면 다 알거든요. 영업하는 사람이 제품에 대해 자신이 있어야 영업도 정직하게 할 수 있어요."

김 지부장은 거울에 자신만의 영업 10계명을 붙여놓았다.

첫째, 영업자가 아닌 좋은 사람으로 만나라. 둘째, 고객이 도움을 필요로 하면 뭐든지 도와주라. 셋째, 고객은 인생의 동반자다. 넷째, 거짓말은 고객이 더 잘 안다. 다섯째, 권하기 전에 직접 써보라. 여섯째, 제품에 대한 정보는 반드시 마스터하라. 일곱째, IT 활용은 필수다. 여덟째, 고객을 예뻐지게 하는 일은 내 책임이다. 아홉째, 자존심을 지켜라. 열째, 고객의 입장에서 생각하라.

"매일 아침 들여다보면서 마음가짐을 새로 해요. 고객에게 믿음을 주려면 스스로 당당해져야 합니다. 고객의 신뢰를 얻었다는 것은 마음의 절반을 얻었다는 뜻이에요. 신뢰를 얻으면 행여나 말실수를 했더라도 절대 삐딱하게 듣지 않거든요. 시간을 뺏었으니 화장품 하나 선사하겠다는 심정으로 대해야 고객도 마음의 문을 열게 됩니다."

그녀는 자기 자신이 '상품'이라는 생각으로 고객을 만난다고 했다.

"다른 사람은 조금만 아파도 쉬는데, 저는 그게 잘 안 돼요. 그래선지 몸살이 왔다가도 바쁘니까 그냥 지나가네요. 몇 년째 그러고 있죠. 언젠가 일어나지도 못할 만큼 아팠던 적이 있어요. 그런데도 습관처럼 화장을 하고 집을 나섰죠. 차에 올라타 시동을 걸고 핸들을 잡았는데 힘이 부쳐 돌리지를 못하겠더라고요."

그녀는 책임감이 강하다. 모든 걸 스스로 해내려는 타입이다. 몸이 아파도 쉬지 않는 일벌레다. 요즘 흔히들 이야기하는 '슈퍼우먼' 이란 '김문희' 를 두고 하는 말인지도 모른다.

"제가 관리하고 있는 고객은 300명쯤 되요."

김문희 지부장이 PDA를 꺼내 보여주었다.

"고객에 대한 정보는 여기 다 담겨 있죠. 옛날처럼 장부를 쓰는 화장품 아줌마 개념이 아니에요."

PDA를 보고 고객들의 요구사항과 필요한 물품들을 체크하는 일은 그녀의 중요한 일과 중 하나다.

"그동안은 비교적 자유롭게 영업을 해왔어요. 하지만 지금은 전보다 훨씬 '타이트' 하게 고객을 관리하고 있죠. 출근 시간도 일정해졌어요. 시간을 효율적으로 사용하게 되니 일할 때도 집중이 더 잘 되는 것 같아요. 성과를 내는 데도 많은 도움이 됐죠."

그럼에도 불구하고 그녀는 보통 한 달에 한 번, 심지어는 두 달에 한 번밖에 점심을 먹지 못한다. 늦어도 오전 회의 후에는 식사를 해야 하는데 일정 때문에 때를 놓치기가 일쑤라는 것이다. 그러다 종일 굶은 적도 많다고 했다.

"고객과의 약속이 우선입니다. 지금의 저를 만든 것은 제 고객들이니까요."

주말에도 그녀를 찾는 고객들은 끊이지 않는다. 고객이 원해 수시로 만나야 하는 고객들도 많아졌다.

"사람들이 나를 찾을 때마다 '살아 있음'을 느끼게 되는 것 같아요. 제가 이 일을 놓지 않으려는 데에는 그런 이유도 있어요."

그녀의 가방 속에는 오늘도 고객들을 위한 샘플이 넉넉하게 준비되어 있다. 언제든 고객의 속내를 들어줄 수 있는 넉넉한 마음과 함께 말이다. 휴대폰 벨이 울렸다. 그녀는 양해를 구하고 전화를 받았다. 앞으로도 계속 고객들은 그녀의 화장품과 더불어 그녀의 마음을 찾을 것이라는 확신이 드는 목소리였다.

2. 기복 없는 애정을 선사하라

_이종은 쌍용자동차 용산영업소장

짧게 깎은 머리에 터프한 이미지. 이종은 소장의 외모는 SUV 매장을 찾는 고객들과 잘 구분이 되지 않는다. 게다가 목소리도 크고, 활달하고 붙임성이 있어 어렵지 않게 친구나 형님, 동생으로 지낼 수 있을 것처럼 보인다.

"첫인상이 가장 중요합니다. 차를 살 것 같든 사지 않을 것 같든, 나이가 많든 어리든, 남자든 여자든 무조건 친절하게, 시원시원하게. 첫인상이 좋아야 상대방도 호감을 갖고 적극적인 자세로 대하기 마련이거든요. 대화를 나눌 때도 큰 목소리로 또박또박 절도 있게. 밝고 힘찬 느낌이 들도록 말이지요."

1989년, 대우 자동차에 입사한 그는 11년 정도 직원으로 근무하다 2001년, 쌍용자동차로 직장을 옮긴다. 프로페셔널하게 자동차 영업을 해보겠다는 욕심도 있었지만, 그보다 더 큰 이유는 SUV가 자신의 스타일에 맞는다고 느껴서다. 그러나 직영점 영업사원에서 딜러로의 변신은 말 그대로 '모험'이었다.

"아마추어와 프로의 차이라고나 할까요? 직영점에 있으면 많이 팔려고 애를 쓸 필요가 없습니다. 기본급이 있으니까요. 한 달에 다섯 대 정도만 팔면 먹고사는 데 지장 없을 만큼은 돈이 나옵니다. 하지만 딜러는 기본급이 없습니다. 대신 철저한 능력제지요. 자신이 판매한 만큼 가져가는 겁니다. 차를 못 팔면 한 푼도 못 가져가는 상황이 생길 수도 있지요. 그런 점이 오히려 저한테는 매력적이었습니다."

그는 2001년부터 2006년까지 6년 연속 판매왕의 자리를 차지했다. 2002년에는 한 해 동안 무려 340대를 팔았다고 하니 휴일을 포함해 하루 한 대꼴로 팔아치운 셈이다.

"적성에 맞았습니다. SUV 중심이니 매출도 컸고요. 무엇보다 매장을 찾는 고객들이 마음에 들었습니다. 제 성격 자체가 좀 터프하고 활달한 편이라 이런 차를 좋아하시는 분들과 한마디로 죽이 잘 맞는다고 볼 수 있어요. 어떤 분을 알게 되면 그 분이 아는 다른 분을 소개해주는 식으로 영업이 진행되었습니다. 자동차 영업이라는 게 제가 아무리 애를 써도 사실상 고객이 도와주지 않으면 어렵거든요. 저는 운이 좋은 편이었습니다."

쌍용자동차는 고객을 영업 사원으로 만드는 그에게 '판매 명장'이라는 칭호를 붙여주었다. 1,000대 이상 차를 판매한 명장은 아직 그뿐이다. 그는 자신의 판매 비결에 대해 이렇게 말했다.

"꾸준함이지요. 기복을 줄이는 게 핵심입니다. 한 달이 지나면 새로운 마음으로 다시 시작해야 하는 일이 영업입니다. 처음 시작할 때처럼 말이지요."

자동차 영업은 오늘 했다고 내일 결과가 나오는 일이 아니다. 한 달 미친 듯이 일하고 다음 달은 푹 쉬고 하는 식으로 할 수 있는 일도 아니다. 그러나 꾸준히 유지해나가다 보면 반드시 한 만큼 결과가 나오게 되어 있다. 오래 전부터 누적되어온 게 오늘 나오고, 그것이 앞으로 계속해서 플러스, 플러스, 플러스 되는 게 자동차 영업이다. 열심히 하든 대충 하든 자신에게 돌아오는 결과가 똑같은 대다수 일반 직장과는 다르다.

"이 정도면 충분하다고 생각하는 순간 뚝 떨어지게 되어 있습니다. 딜러의 숙명이지요. 절대 쉽게 만족해서는 안 됩니다. 몇 대 팔았으니 이 정도면 됐다는 식의 안일한 태도는 결국 스스로 발목을 붙잡게 만드는 결과를 초래하지요. 팔 수 있는 한 계속 팔겠다는 각오로 뛰어들어야 실적을 유지할 수 있습니다. 요즘은 지원 시스템이 여러모로 잘 구축되어 있어서 손님만 있으면 얼마든지 더 팔 수 있습니다. 도저히 시간을 내지 못하겠다거나 몇 대 이상은 감당할 수가 없다는 말은 핑계일 뿐입니다."

영업에 왕도는 없다

그가 본격적으로 영업 전선에 뛰어든 것은 2001년 초, 찬바람이 휘몰아치는 겨울의 어느 날이었다. 아침 7시, 그 시간에 출근한 사람은 그뿐이었고 밤 11시가 넘어 퇴근하는 사람 역시 그뿐이었다. 이제 시작이었고 특별히 그를 찾는 고객은 없었다. 그는 텅 빈 영업소 한 구석에서 그날 할 일을 정리하고 공문을 읽어보고 자신의 이름이 박힌 전단지를 챙겼다. 일과 후에는 늦게까지 영업소에 남아 문자도 보내고 전화도 하고 DM도 썼다. 한 마디로 할 수 있는 일들은 다 해본 것이다.

"다들 자기만의 영업 스타일이란 게 있습니다. 저도 제게 맞는 스타일을 찾아야 했지요. 나한테 맞는 가장 효과적인 방식을 찾아내기 위해서는 영업 선배들의 방식을 가능한 한 전부 경험해볼 필요가 있었습니다. 가령, 노트북을 들고 다니며 고객 분석을 하고, 전단지를 돌리고, 지역 모임이 있을 때마다 참석하는 식으로 말입니다."

그는 영업에 왕도는 없다는 사실을 강조했다.

"영업의 목적은 많이 파는 것입니다. 다른 목적은 없어요. 어떻게 하면 더 많이 팔 수 있을까, 조금 더 효율적으로 고객을 확보하는 방법은 없을까 매일같이 고민하고 연구해야 되는 일이지요. 단, 정석대로 하되 자신에게 맞는 방식을 찾아내 그 방식으로 영업에 몰두해야 효과를 볼 수 있습니다."

그가 중점적으로 관찰한 부분은 베테랑들이 고객을 대하는 자세였다. 구체적으로 무엇을 어떻게 부지런히 하는지, 마음가짐은 어떠한지, 관리는 어떻게 하고 있는지. 그 결과 포인트는 하나였다. 한결같다는 것. 비법 따위는 없었다. 다만 그들은 타성에 젖어 게을러지지 않았으며, 궤도에 올랐음에도 거만해지지 않았다. 고객을 '왕'으로 모시는 겸손한 자세를 한결같이 유지했다.

"한번은 영업소로 허름한 차림의 남자가 들어왔습니다. 전혀 차를 살 것 같지 않은 분위기였지요. 그래도 싹싹하게 인사하고, 커피도 타드리고, 판촉물도 드리고 하면서 성심성의껏 대했습니다. 나가실 때 그러시더군요. 저처럼 친절한 영업 사원은 처음 봤다고, 영업을 아주 잘하는 것 같다고. 그런데 이 분이 차를 참 많이 팔아줬습니다. 의외였지요. 누가 고객이 될지는 정말 모르는 겁니다."

그는 애프터서비스에도 최대한 신경을 쓴다. 물론 판매한 차량에 문제가 생겼을 경우 센터를 통해 무상 수리가 가능하므로 직접 수리해줄 필요는 없다. 그러나 고객은 수리 예약을 하고 기다려야 하는 번거로움을 필연적으로 겪기 마련이다. 그는 자신을 통해 차를 구입한 고객들이 이와 같은 불편함을 겪어야 한다는 사실을 간과할 수 없었다.

"첫 번째 A/S는 무조건 책임지고 처리해드립니다. 우리는 아예 영업소 차원에서 A/S 기사를 따로 두고 있습니다. 차량 수리를 비롯한 여러 가지 간단한 서비스를 자체적으로 해결하기 위해서지요. 그러다 보니 클레임 처리가 다른 영업소에 비해 빠를 수밖에 없습니다. 일종의 영업 전략이라 할 수 있겠지요. 이종은한테 차를 사면 정말 편하다는 인식을 심어줘야 고객들도 다른 분들에게 저를 소개해주지 않겠습니까?"

오히려 고마움을 느끼게 하라

이 소장은 다른 영업과 자동차 영업의 차이점으로 '당당함'을 꼽았다. 차를 필요로 하는 고객이 필요에 의해 자발적으로 찾아오는 것이기에 영업 행위 자체가 고객에게 부담을 주지 않을뿐더러, 필요로 하지도 않았는데 필요하도록 만들어 파는 게 아니라 필요로 하니까 파는 것이므로 당당하게 영업할 수 있다는 얘기였다.

그는 모임을 나가도 자동차에 관한 화제는 먼저 꺼내지 않는다. 대신 누가 차에 대해 물어오면 성의껏 대답해주고, 영업소에 찾아오면 특별하게 대해준다. '이 친구한테 구입하니 괜찮네.' 하는 입소문이 나도록 최선을 다해 서비스한다.

"신규 고객의 개척에는 한계가 있습니다. 판매 대수를 안정적으로 늘리려면 반드시 '소개 영업'이 수반되어야 하지요. 다단계가 무서운 것과 같은 이치입니다. 결국은 고객들의 도움을 받아야 합니다. 고객이 저를 믿고 다른 분에게 가볍게 한 마디만 던져주면 그 다음은 맞물린 기어처럼 돌아가게 되어 있습니다. 저의 경우를 보더라도 소개를 통한 재영업이 가장 효과가 있었습니다."

이 소장은 많은 영업 사원들이 물건을 팔 때는 간이며 쓸개며 할 것 없이 다 빼줄 것처럼 얘기하다가도, 정작 팔고 나서는 아무 일도 없었다는 듯 무심하게 돌아선다는 점을 지적했다. 그때만큼 고객을 자기 사람으로 만들 좋은 기회가 없다는 것이었다.

"차는 팔고 나서가 더 중요합니다. 일단 한 번 차를 구입한 고객은 훗날 나를 통해 차를 바꾸게 될 수도 있고, 누군가를 소개시켜줄 수도 있는 잠재 고객이기 때문이지요. 영업으로 빨리, 그리고 크게 성공하려면 고객 한 사람에게 딸린 열 명, 스무 명을 볼 수 있어야 합니다."

그는 고객을 향한 세심한 마음가짐은 차를 판매한 뒤에 더욱 빛을 발한다면서 지도책, 휴대폰 충전기, 차량 메모지를 꺼내 늘어놓았다.

"휴대폰 충전기는 누구나 다 쓰는 필수품입니다. 하지만 옵션에는 없기 때문에 따로 1만 원가량을 들여 달아야 하지요. 요즘은 내비게이션이 있어 그 필요성이 떨어졌으나, 지도책 역시 운전자에게는 필수품이지요. 낯선 동네를 헤매고 있는데 갑자기 내비게이션이 고장 날 수도 있잖아요? 아무래도 전자제품이니까. 가격으로 따지면 원가 1~2,000원짜리 물건이지만 효과는 만점입니다."

사람 마음은 다 마찬가지다. 골프채를 살 때도 서비스로 골프공을 안 주면 기분 상하듯 1,000만 원이 넘는 물건을 샀는데 아무것도 안 준다면 섭섭할 수 있다. 그는 차량 출고일에 맞추어 잊지 않고 휴대폰 충전기와 지도책을 세트로 묶어 준비해둔다. 그리고 반드시 자동차 등록을 마친 다음, 차와 함께 그것들을 인도한다.

"고객과 가까이 지내다 보면 호형호제 하면서 술친구가 되는 경우가 종종 있습니다. 어느 날인가 그중 한분에게 제주도라면서 전화가 왔어요. 갑자기 일이 생겨 돈이 10만 원쯤 필요하게 됐는데 제 생각이 났다는 것입니다. 어찌 보면 황당할 수도 있는 일이었지만 상황을 들어보니 이해가 가더군요. 안 받을 생각하고 빌려줬습니다. 그게 어찌나 고마웠는지 모르겠다고, 나중에 그분이 주위 분들을 많이 소개해주셨어요. 그분 소개로 비싼 차를 몇 십 대나 팔게 되어 오히려 제가 더 고마웠던 적이 있습니다."

영업은 마술이 아니다

타고난 영업인은 없다. 다시 말해 영업은 누구나 할 수 있고, 누구나 성공할 수 있는 일이다. 왕도도 없다.

"매스컴을 타지 않아 유명하지는 않지만 그 사람들 이상으로 차를 잘 파는 분들이 있었어요. 초반에는 그분들을 따라 다니며 많이 배웠습니다. 그러면서 마음가짐도 매번 새롭게 하고 특별히 노력을 기울여야 할 부분들도 하나씩 체크해나갔지요. 물론 따라 하기가 쉽지는 않았습니다. 별다른 건 없었는데 꾸준히 하기가 힘들었거든요."

그는 다시 한 번 영업의 기본을 강조했다.

"아마 다들 알고 있을 겁니다. 일을 하는 자세나 고객을 대하는 태도, 고객 관리 방법 같은 것들. 우리가 무슨 사람의 눈을 현혹시키는 마술 따위를 부려 고객들로 하여금 차를 사게 만드는 게 아니잖아요? 정석대로만 꾸준하게 실천할 수 있으면 영업은 됩니다."

업계에 몸담은 20년이라는 세월만으로도, 쌍용자동차 6년 연속 판매왕이라는 경력만으로도 그가 자동차 영업의 베테랑임을 부인할 사람은 없을 것이다. 하지만 비결은 서운하리만치 간단하다.

"명심해야 할 것은 끊임없이 씨앗을 뿌려야 한다는 점입니다. 그러지 않으면 나중에 거둘 것이 없거나 현재보다 줄어들기 마련이지요."

그는 어디를 가든 항상 들고 다니는 노트가 있다. 언제 고객한테 전화가 올지 몰라 화장실에 갈 때도 휴대폰과 함께 꼭 갖고 들어간다는 노트였다. 그는 그 노트만 있으면 고객이 원하는 바를 그 즉시 대답해줄 수 있다면서, 노트에는 고객의 정보뿐만 아니라 자동차 관련 정보들까지 완벽하게 정리되어 있다고 했다.

"일 년에 한 권이면 충분합니다. 앞으로 차를 살 사람들만 적어놨어요. 계약을 하면 동그라미를 쳐놓고요. 또 최근에 뽑은 견적은 종결되기 전까지 반드시 챙겨갖고 다닙니다. 그래야 금액이나 기타 문의 사항에 대해 지체 없이 답변을 줄 수 있으니까요."

현재 그가 관리하고 있는 고객은 약 5,000여 명. 그는 여전히 고객들에게 DM을 쓰고, 전화를 하고, 문자를 보낸다. 가끔은 고객들을 직접 찾아가기도 하고, 죽이 맞는 고객들과는 술을 마시기도 한다. 정석대로다.

"좋은 관계를 만들기 위해 여러모로 노력하고 있지만, 이와는 무관하게 종종 오해가 빚어질 때가 있습니다. 납기일 약속 때문이지요. 서너 달은 있어야 차가 나온다고 하면 대부분 안 산다고 하시거든요. 그러니 언제나 솔직할 수만은 없지 않겠습니까?"

납기일 약속은 자동차 영업 사원들의 가장 큰 골칫거리다. '판매 명장'인 그도 납기일 약속을 지키지 못해 애를 먹은 적이 있다고 했다.

"그래도 솔직하게 말하는 게 최선입니다. 당장은 욕을 먹을지 몰라도 그래야 뒤탈이 없습니다. 어떤 분들은 인간적으로 이해해 주시기도 하니까요. 사람이 하는 일이니 그럴 수도 있다고. 고마운 일이지요. 어쨌든 일시적으로 곤란한 상황을 모면하기 위해 회피하다 보면 거짓말을 하게 될 수 있습니다. 거짓말은 또 다른 거짓말을 낳게 되고요. 장기적으로 보면 치명타가 될 수 있어요."

그는 눈앞의 작은 득실에 연연하다 보이지 않는 큰 이득을 놓칠 수 있으니 어떤 일을 할 때는 반드시 멀리 보라 당부했다. 그러고는 영업의 경우 고객에게 진심을 주었다면, 그리고 고객에 대한 신뢰와 애정이 바탕이 된 상황이라면 어떠한 트러블도 솔직함으로 풀어낼 수 있으니 자신감을 잃지 말라는 말을 덧붙였다.

"나이 들어서도 자동차 쪽 일은 계속 하려고 합니다. 매력이 있어요. 외국에서는 딜러들이 직접 차를 매입해 마진을 붙여 파는 형태가 일반적인데, 기회가 되면 그런 일도 해보고 싶고요. 진짜 딜러가 되는 것이지요. 이게 정년이 있는 일도 아니지 않습니까? '명장'이라는 칭호에 걸맞은 모습으로 늙어가는 것이 제 마지막 꿈입니다."

3. 어렵게 마음을 연 고객은 쉽게 변심하지 않는다

_한상옥 태평양 부천상동점 수석지부장

한상옥 수석지부장은 두 가지 무기를 갖고 있다. 그것은 다름 아닌 '끈기'와 '입장 바꿔 생각하기'다. 그게 뭐 별거냐고 할지도 모르겠다. 그러나 정말 그러한가? 다들 기본, 기본 한다. 하지만 그 '기본'을 지키면서 사는, 혹은 '기본'을 잘 갖춘 사람이 과연 얼마나 될까? 그녀는 '얼마든지 상처받을 준비가 되어 있다.'는 자세로 영업에 임한다고 했다. 역시나 영업인의 기본 자세다.

"샘플 보여주고 제품 설명하고. 하지만 관심을 갖고 듣는 사람은 거의 없었어요. 대개는 귀를 닫고 샘플을 한쪽으로 밀어버렸죠. 상대하고 싶지 않다는 얼굴로 말예요. 어찌나 자존심이 상하는지, 처음에는 울기도 많이 울었어요. 그런데 그때 저를 울린 분들이 지금은 최우수 고객이 되었답니다."

그녀는 '포기하지 않고' 고객을 찾아갔다. 웃는 얼굴에 침 뱉는 사람 없다는 속담을 가슴속 깊이 새겨두고, 고단함을 숨긴 채 언제나 환한 미소로, 7번이고 8번이고 고객의 마음을 두드렸다.

"포기하고 싶은 적도 많았죠. 하지만 그 때마다 이 정도로 물러날 한상옥이 아니다, 오기가 생기더군요. 7번, 8번 퇴짜를 맞아도 좋다, 포기만 하지 않으면 지는 게 아니다."

그들은 결국 마음을 열었다. 가랑비에 옷이 젖듯, 스펀지에 물이 스미듯 그녀는 그렇게 그들의 마음속으로 들어갔다.

"마음을 열기가 힘들수록 나중에는 오히려 든든한 협력자가 되더군요. 어렵게 마음을 연 만큼 쉽게 변하지 않는다는 것이죠."

그녀는 비 오는 날이면 어김없이 밀가루를 사들고 고객을 만나러간다. 고객과 함께 부침개를 만들어 먹으며 좀 더 돈독한 사이를 만들기 위해서다.

"돌아다니다 보면 제때 챙겨먹기가 힘들거든요. 수다도 떨고, 밥도 먹고, 영업도 하고, 즐기면서 일하자는 거죠. 왜 힘든 일도 재미있으면 힘들지 않은 법이잖아요."

그녀는 화장품 관련 공부 역시 소홀히 하지 않는다고 했다. 전문가 못지않은 고객들을 만족시키려면 수시로 피부 타입에 따른 제품의 정보를 수집하고, 피부 톤에 어울리는 컬러와 최신 유행 화장법까지 마스터해야 하기 때문이란다.

당연한 얘기지만 영업을 하는 사람은 고객보다 많이 알아야 한다. 고객보다 모르면 신뢰를 얻기가 힘들다. 신뢰를 얻지 못한 영업자는 사기꾼과 별반 다르지 않다. 그러나 누구나 모든 것을 다 알 수는 없는 노릇. 그러므로 모르는 바에 대해서는 인정을 하고 겸손하게 배우는 자세 또한 필요하다.

"영업자 입장에서는 가장 비싼 제품을 파는 게 이득이겠죠. 하지만 그런 식으로는 롱런하기 힘들어요. 장기적으로 봐야죠. 고객은 금방 알거든요. 금세 외면당하고 말 걸요? 고객 입장에서 생각하면, 신뢰를 얻는 방법은 간단합니다. 저렴한 가격으로 최대한의 만족을 줄 수 있는 제품을 권해야겠죠."

절망 끝에 희망 있다

남편을 내조하고 자식들을 키우는 것이 삶의 전부였다. 그녀의 남편은 작은 사업체를 운영하는 사장님이었고, 경제적인 어려움 따위는 전혀 없었다. 1997년, 외환 위기가 닥치기 전까지는 말이다.

작은 사업체들이 하나둘씩 쓰러지기 시작했다. 계속되는 구조조정으로 인해 가장들은 직장을 잃었고, 상상치 못한 어마어마한 빚더미에 올라앉았으며, 그들의 가계는 파탄이 났다. 그녀 가정도

예외는 아니었다. 남편의 사업체 역시 IMF라는 거대한 풍파 앞에서 맥없이 쓰러지고 말았다. 어떻게든 막아보려 했음에도 불구하고 부도를 낸 남편은 구속되었고, 집은 순식간에 넘어갔다. 남은 것이라고는 '도무지 실체가 느껴지지 않는' 3억 원이라는 빚뿐이었다.

"눈앞이 캄캄했어요. 하늘이 무너져도 솟아날 구멍은 있다고 하죠. 하지만 진짜로 하늘이 무너졌다고 생각해보세요. 그때는 정말이지 솟아날 구멍 따위는 보이지 않았어요. 말 그대로 하루아침에 집을 잃었잖아요. 남편은 감옥에 갔지……. 실감이 안 났어요."

그러나 언제까지 낙담하고 있을 수만은 없었다. 삶은 잔인하게 계속되었고, 그녀와 아이들 또한 어떻게든 살아가야 했기 때문이다. 그녀는 자리를 박차고 일어나 일자리를 찾아 나섰다. 하지만 29살에 결혼해 가사노동만 해온 그녀가 사회에서 할 수 있는 일은 그다지 많지 않았다. 그녀를 받아줄 만한 곳들은 대부분 영업직이었고, 낯선 사람에게 무언가를 팔아야 하는 일들뿐이었다. 아이들 얼굴이 떠올랐다. 무슨 일을 해서라도 아이들과 먹고 살아야 했다. 일을 가릴 처지가 아니었다.

그녀는 우선 주부들이 많이 하는 일을 알아보았다. 제일 처음 눈에 들어온 것은 보험이었다.

"아이들을 기르면서 할 수 있는 영업은 보험, 책, 화장품밖에 없었어요. 사람을 가장 많이 뽑는 곳은 보험 쪽이었고요. 하지만

보험 영업은 다른 사람들의 불행을 염두에 두고 해야 하는 일이라
는 생각이 들었어요. 영 내키지가 않았죠. 그래서 일단 마음을 접
고 화장품 회사를 알아보기 시작했어요."

1999년 5월, 드디어 그녀는 태평양에 입사했다. 제2의 인생을
만들어나갈 기회를 스스로 붙잡은 것이다.

"절망을 맛봐야 희망도 구체적으로 느껴지는 것 같아요. 희망
은 정말 멀리 있지 않더라고요. 낯선 사람들을 만나 하나씩, 하나
씩 내 사람으로 만들어가다 보니 희망도 한 발짝씩, 한 발짝씩 다
가오더군요. 점점 기운이 났습니다. 그만큼 두려움은 희미해졌고
요. 낯설고 힘든 일이었지만 잠시도 주저앉아 쉴 수가 없었어요.
그 희망이라는 녀석이 내 삶 속으로 뚜벅뚜벅 걸어 들어오는 게
느껴졌거든요."

| 고객이 있음으로써 내가 존재한다 |

한 지부장은 2005년, 태평양 연도 대상을 받았다. 그 사이 남
편의 빚도 갚았고, 집도 장만했다. 아이들도 별 탈 없이 잘 자라주
었다. 화장품 영업 7년 만에 이 모두를 일구어낸 것이다.

"나를 믿어준 고객들과 회사가 아니었으면 꿈도 꾸기 힘들었
겠죠."

그녀는 아직도 첫 고객을 잊을 수 없다고 했다. 특별한 사연이 있어서라기보다는 '나도 할 수 있구나.' 하는 생각을 그제야 가질 수 있었기 때문이란다. 내가 지금 잘 하고 있는지, 이 길이 맞는지, 확신을 가지고 일을 하는 사람은 드물다. 하지만 일단 확신이 생기면 그때부터는 아무리 힘들고 어려운 일일지라도 용기를 갖고 힘차게, 재미나게 해나갈 수 있는 법이다. 이것은 진리다.

"길에서 우연히 만난 사람이었어요. 기미랑 주근깨 때문에 고민이 많은 분이셨죠. 여자들은 좀 더 피부가 좋았으면, 잡티 없는 피부였으면 하잖아요? 한국에는 미백에 관심 있는 여성들이 특히 많아요. 나이든 분일수록 기미, 주근깨로 많이들 고민하시고요. 일단은 여러 가지 미백 관련 상품과 기미, 주근깨에 좋은 상품들을 권해봤어요. 관심 있게 들으시더군요. 저는 최선을 다해, 그리고 최대한 차분하게 제품에 대해 설명했어요. 부담을 주지 않으려고 노력했죠. 관심 있게 듣는 분은 처음이었거든요. 한편으로는 마지막 기회라는 생각도 들었죠. 그 자리에서도 실패하면 영업을 그만두게 될지도 모르는 상황이었어요. 결국 그분은 제가 권한 모든 상품을 구입했습니다. 영업 개시 열흘만이었죠."

지금까지 그녀가 만나온 고객은 대략 200여 명쯤 된다. 전에 살던 곳에서 부천으로 이사를 왔음에도 그녀를 찾는 고객들은 여전히 적지 않다. 그녀 또한 도움을 요청하면 언제든 달려가 도와줄 준비가 되어 있다.

"한번은 산부인과 같이 간 적도 있었어요. 임신을 했는데 남편은 낳기를 원하겠지만 낳을 형편이 아니라면서 고민을 상담해왔죠."

그러나 많은 사람을 만나다 보면 오해와 갈등도 함께 생겨나기 마련이다. 때로는 오랫동안 힘들게 쌓아올린 신뢰가 그로 인해 한순간에 무너지기도 한다. 영업 생명을 단축시키고도 남을 치명적인 일이다. 그러므로 제대로 된 영업인이라면 고객과의 트러블을 슬기롭게 해결해나갈 나름대로의 방안 한 가지쯤은 갖고 있어야 한다. 그래야 진정한 프로페셔널이라 할 수 있다.

"누구는 가방을 줬다는데 당신은 왜 주지 않느냐는 식의 오해가 가장 많아요. 사소한 일처럼 보이지만, 불신은 결국 그런 데서 쌓이는 거예요. 고객이 불평을 해오면 우선은 인정하는 자세가 중요합니다. 충분히 그럴 수 있다는 것이죠. 그리고 반드시 친절하게 납득시켜주어야 합니다. 영업점마다 차이가 있다. 필요하시다면 구해드리겠다. 상식적인 분들이라면 대부분 이해하고 넘어가시죠."

말하기보다는 들어주라

그녀는 끊임없이 '대화'를 나누라 했다. 무슨 일이든 대화만큼 좋은 해결 방법은 없다는 것이다. 현대인들은 생각보다 남들과 마음을 터놓고 지내기가 어렵다. 자기 일로 바쁜 남편과 자녀들 사이에서 마음 줄 곳 없어 하는 주부들이야 말 할 것도 없다. 맞벌이를 하는 여성들은 일과 가사라는 이중 구조 속에서 숨 한 번 돌리는 일조차 쉽지 않다. 그만큼 사람들 사이가 빡빡하다.

"대화 상대를 찾는 분들이 많아요. 오히려 저처럼 목적 관계가 분명한 사람이 속내를 털어놓기에는 더 편할 수 있죠. 저도 마찬가지고요. 이제 고객들은 말만 잘하는 영업 사원은 절대 신뢰하지 않아요. 의도적이라는 느낌을 받는 순간 거리가 생긴다는 거죠. 지금은 상대방의 말을 진심으로 들어줄 줄 아는 사람이 필요한 시대입니다. 하고 싶은 말을 함부로 쏟아내는 사람은 많아도 다른 사람의 이야기에 귀 기울이는 사람은 그리 많지 않아요."

그녀는 고객들과 함께 호흡하길 원했다. 한 사람처럼 호흡하며 대화를 나누어야 진심으로 공감도 하고 이해도 한다는 것이었다.

실제로 한 지부장은, 1~2년 이상 된 고객의 경우 '그 집 숟가락이 몇 개인지'까지 알고 있었다. 그들은 부부싸움 같은 사적인 문제에 대해서까지도 스스럼없이 털어놓는다면서, 고객이 진정으로 원하는 것은 그런 부분이라고 했다.

그녀는 현재 23명의 카운슬러를 관리하는 '수석지부장'이다. 그룹원 6명에 전체 매출 1,500만 원 이상이면 지부장이 되는데, 수석지부장이 되려면 최소 8명의 그룹원을 두고 3,000만 원 이상

의 매출을 내야 한다. 수석지부장은 그룹원이 올리는 매출의 3퍼
센트를 가져갈 수 있다. 거기에 기본급과 그룹 매출액에 따른 수
당을 더해 월 500만 원 정도가 들어온다. 물론 판매 영업은 기본
이다.

"입사 2년 만에 수석지부장이 됐어요. 사실은 이 일을 시작할
때부터 그룹을 관리하는 수석지부장을 목표로 삼았었거든요. 생
각보다 빨리 목표를 달성한 셈이죠."

서두르지 말고 천천히 다져가라

그녀에게도 위기는 있었다. 2004년 10월, 그녀는 그룹원의
'부정행위'로 수석지부장에서 카운슬러로 직급이 두 단계나 강등
되었다. 화장품 영업은 고객과 일대일로 상대하는 판매 방식이다.
서비스는 있지만 가격 할인은 없다. 그런데 그룹원 중 한 명이 제
품을 빼돌려 할인 판매를 하는 인터넷 쇼핑몰에 넘기다 회사 측에
적발된 것이다.

"정말이지 다 그만두고 싶었습니다. 책임자라는 위치였기에
받아들이긴 했지만, 엄밀히 말해 제 잘못은 아니었으니까요. 솔직
히 억울했죠. 그러자 누가 그러더군요. 여기서 그만두면 다들 수
석지부장에서 카운슬러로 강등된 게 자존심 상해 그만뒀다고 할

것이다. 그러니 그만두더라도 수석지부장 자리를 되찾은 다음 그
만둬라. 틀린 얘긴 아니었어요. 냉정을 찾아야 했죠."

그녀는 다시 처음부터 시작한다는 기분으로 영업 활동을 재개
했다. 그리고 믿음직한 새로운 카운슬러를 발굴하는 데 총력을 기
울였다. 수석지부장 자리를 다시 찾은 것은 6개월 만이었다.

"화장품 영업하다 빚진 사람 많다고, 다들 처음에는 겁을 냅니
다. 저도 물론 그랬죠. 그런데 화장품 업체마다 영업 제도가 약간
씩 다 달라요. 문제가 되는 곳은 판매 대금 미수를 인정하지 않는
일부 업체입니다. 미수가 생겼을 경우, 일단은 자기 돈이라도 입
금해야 다음달 영업이 가능하거든요. 이 부분을 설득하는 과정이
제일 힘들었어요. 8년 동안 설득해 데려온 카운슬러도 있었죠."

그녀의 23번째 고객이었다.

"우여곡절이 많았습니다. 겨우겨우 설득했는데 둘째 아이를
임신한 거예요. 몇 년 뒤에는 먼 동네로 이사까지 가버렸고요. 우
선은 카운슬러가 아닌 고객으로서 꾸준히 연락하면서 관계를 유
지하고, 가끔은 찾아가 보기도 하고 그랬습니다. 다행히 얼마 전
이쪽으로 다시 이사를 왔어요. 이제야 겨우 같이 일을 하게 된 거
죠."

그녀는 항상 '직원 모집 리스트'를 들고 다닌다. 수시로 연락
하고 가능하면 잠깐이라도 보기 위해서다.

"특별한 자질은 없어도 되요. 태평양이라는 회사와 제품력, 영

업 제도를 믿기 때문이죠. 자질이 없어도 프로로 키울 수는 있습니다. 단, 하겠다는 의지와 분명한 목표 의식은 갖고 있어야 하죠."

카운슬러 모집은 밀고 당기기의 연속이다. 그러므로 대상의 심리 상태를 읽고 어느 단계까지 와 있는지 그때그때 판단할 수 있어야 한다.

"돈을 벌긴 벌어야 하는데 특별한 기술이 없어 일을 찾지 못하는 주부들에게 이만 한 일은 없지 않을까 싶어요. 게다가 저희 제품처럼 인지도가 높으면 영업하기도 수월하거든요. 무슨 일이든 처음이 어렵지 하다보면 다 능숙해지기 마련입니다. 화장품 영업도 마찬가지예요. 적어도 1년은 투자해봐야 알 수 있습니다. 저도 신입 때는 하루에도 100번씩 그만둘까 생각했어요. 하지만 어려움은 그때나 지금이나 비슷해요. 횟수만 조금 줄었을 뿐이죠. 그러니까 그런 순간들을 이겨내야 해요. 거기서 물러서면 지는 거죠. 물러서지 않고 계속 해나가는 게 결국은 이기는 길입니다."

한상옥 수석지부장은 주섬주섬 파일을 챙겨들었다. 그녀는 요즘 다른 지점이나 특약점으로 외부 강의를 나간다. 고객들의 언니이자 친구로서, 카운슬러 동료이자 선배로서 여전히 바쁜 하루를 보내고 있었다.

4. 이루기보다 지키기가 더 힘들다

_송정희 삼성생명 서울브랜치 팀장

송정희 팀장은 치열한 보험 영업 분야에서도 손꼽히는 베테랑으로 통한다. 그동안 네 차례나 보험여왕 자리(90년, 95~97년)에 올랐고, 모든 보험설계사들이 꿈꾸는 '백만 달러 원탁회의'(MDRT)에 우리나라에서는 유일하게 종신회원 자격으로 가입했다. 지난해 연봉은 6억 6,000만 원. 그녀는 1년 동안 혼자서 70억~80억 원의 보험료를 벌어들인다. 매달 평균 30건의 신규계약을 성사시켰다. 1억 원 이상의 연봉을 받은 보험설계사는 1,900명가량으로 억대 연봉자가 즐비한 보험 시장에서 그리 특출한 수준은 아니나, 10년 이상 꾸준하게 톱클래스의 실적을 유지한 경우는 그녀의 사례가 거의 유일하다.

"2004년도에는 자랑스러운 삼성인상을 받았습니다. 아주 큰 상이지요. 임원이 아닌 FC로는 처음이었습니다."

오전 8시, 빈 자리가 더 많은 썰렁한 사무실 안으로 들어가자, 벌써부터 누군가와 전화 통화를 하고 있는 그녀의 모습이 보였다. 그녀는 스타급 사원임에도 다른 보험설계사보다 조금 더 큰 책상 하나를 차지했을 뿐 따로 방을 갖고 있지는 않았다.

"가족을 위해서라도 종신보험 하나쯤은 가입해두시는 게 좋아요. 아직 결심이 서지 않았으면 하루만 더 생각해보세요. 설명이 필요하시면 당장 내일이라도 내려가겠습니다. 평택이라고 하셨죠? 아침 7시쯤 가면 만날 수 있을까요? 아, 오후 3시요. 네."

매일 아침, 그녀는 출근하자마자 그 자리에 앉아 고객들에게 안부 전화부터 돌린다. 그리고 언제 어디라도 고객이 원하면 그 시간 그곳으로 달려간다. 그녀는 거리와 시간을 계산해 움직이지 않는다. 아무리 먼 거리라도, 아무리 이른 시간이라도 고객이 원하는 시간과 장소를 따르려 한다. '고객을 위해 존재함'은 보험 영업을 시작했을 당시부터 지금까지 한결같이 지켜온 그녀의 영업 원칙이다.

"남편이 사업을 하다 실패했어요. 빚을 갚기 위해 보험 영업에 발을 들여놓은 게 1980년이었습니다. 청량리 쪽에서 일을 시작했는데, 교육도 제대로 못 받은 상태였어요. 마구잡이식으로 영업했죠.

돈이 많지 않은 저소득층 고객들을 주로 상대했고요. 첫해에 3등으로 판매 신인상을 받긴 했지만 별다른 느낌은 없었어요. 그때는 다른 설계사들과 대화를 나눌 여유조차 없었습니다. 그만큼 절박한 상황에서 일을 했죠."

미래는 누구도 알 수 없다. 앞으로 어떤 일이 일어날지, 자신의 건강이 어떻게 될지 알 수 있는 사람은 당연히 아무도 없다. 그런데 불확실한 미래는 불행보다 더 사람을 불안하게 만든다. 게다가 불확실한 미래에 대한 불안은 현재의 삶까지도 불안하게 만들 수 있다. 자신의 인생을 스스로 통제할 수 없다는 생각에서 오는 우려 때문이다.

"저는 예기치 못한 불행을 직접 겪어봤습니다. 보험의 필요성을 누구보다도 잘 알고 있지요. 제게는 고객의 현재와 미래를 위한 일을 하고 있다는 자부심 같은 것이 있습니다. 고객에게 자신 있게 상품을 권할 수 있는 이유죠."

고객이 자산이다

송정희 팀장의 고객은 약 1,800명 정도다. 이들 중 사업 동반자로서 밀접한 관계를 유지하고 있는 VIP 고객은 100여 명. 매달 우편물을 보내고, 새 상품이 나올 때마다 연락을 하는 고객만 해도 대략 500명쯤 된다. 일일이 상품을 소개하고 챙기기는커녕 고객의 이름을 외우는 일조차 쉽지 않을 듯한데, 그녀는 그들의 이름은 물론 그들의 세세한 일상까지도 죄다 기억한다. 고객에 대한 애정이 없이는 불가능한 일이다.

"암벽 등반을 즐기는 고객이 있습니다. 위험한 취미죠. 하지만 단지 위험하다는 까닭 하나만으로 취미 생활을 그만두라 말할 권리는 누구에게도 없어요. 그를 행복하게 하는 일이니까요. 제 역할은, 그럼에도 불구하고, 이와 같은 고객들이 당연히 갖고 있을 현재의 불안을 없애주는 것입니다. 따라서 고객에게 딱 맞는 상품을 권하려면 먼저 그의 취미, 그가 하고 있는 일, 그의 가족에 대해서도 자세히 알고 있어야겠죠."

그러나 단순히 고객에 대해 알고 있는 것만으로는 부족하다. 보험은 알 수 없는 미래를 위한 장기적인 투자를 약속받는 것이므로 고객과 보험설계사 사이에 절대적인 신뢰가 요구된다. 10년 이상, 혹은 20년이 넘는 기간 동안 일정한 금액을 꾸준히 지출해야 하는 고객으로서는 당연히 신중할 수밖에 없다.

"고객들은 보험설계사를 '믿고' 계약하는 것입니다. 계약을 했다고 끝나는 일이 아니죠. 고객들과 자주 만나야 해요. 자주 얼굴을 봐야 합니다. 그래야 건강은 어떤지, 특별히 힘든 일은 없는지 알 수 있지 않겠어요? 고객과 신뢰를 쌓는 방법은 간단합니다. 전혀 어려운 일이 아녜요. 꾸준히 하느냐 못 하느냐가 문제죠."

송 팀장은 고객들의 각종 경조사, 생일, 결혼기념일 등을 빼놓지 않고 챙기는 것은 기본이고 정성이 담긴 선물은 필수라면서 책상 한쪽에 놓인 꽃병을 가리켰다.

"가끔 꽃을 들고 고객을 찾아갈 때가 있어요. 별거 아닌 것 같지만 의외로 효과가 있죠. 생각보다 꽃을 선물 받는 사람이 드물거든요. 주는 사람 부담 없고 받는 사람 기분 좋은 선물로 꽃만 한 게 없는 것 같아요. 예쁜 꽃을 보면 기분이 좋아지지 않나요? 활짝 핀 꽃은 고단한 심사를 위로하는 힘이 있어요. 마음까지 활짝 열어주지요."

그녀가 고급스러운 볼펜 하나를 들어보였다.

"이것도 애용하는 선물 중에 하나예요. 볼펜은 누구나 자주 쓰는 물건이고, 쓸 때마다 선물해준 사람을 떠올리게 할 수 있는 좋은 아이템입니다. 고객과 항상 함께 있다는 상징적인 의미도 담겨 있죠. 또, 때에 따라서는 간단하게 식사를 대접하거나 고객의 취향에 맞는 골프웨어를 선물하기도 합니다. VIP 고객에게는 1년에 한 번씩 건강기능식품을 따로 보내드리고 있고요."

그녀가 이런 식으로 달마다 지출하는 금액은 대략 1,000만 원. 3~4,000만 원가량인 월수입에서 매달 빠져나가는 액수다.

"명동 땅이 한 평에 몇 억씩 한다고 하죠? 그렇다면 제 고객 한 사람이 지닌 가치는 돈으로 환산할 수는 없지만 굳이 환산하자면, 수십억 원 이상이 될 것입니다. 약간의 관심과 노력만 있으면 얼마든지 개척할 수 있는 옥토이자 저의 유일한 자산인 셈이죠."

현재가 아닌 미래를 보고 설계하라

그녀는 마구잡이식으로 보험을 권하고 다녔던 영업 초기를 떠올렸다.

"그때는 그저 저처럼 경제적인 어려움을 겪고 있던 분들에게 도움이 되었으면 하는 바람밖에 없었어요. 다들 비슷한 처지였으니까요. 서로 위로해주고 기운을 북돋워주는 분위기로만 갔습니다. 진심을 다하기는 했으나 체계적으로 고객을 관리해야 한다거나 공부가 필요하다는 생각은 하지 못했죠."

상황이 달라진 것은 1990년부터다. 보험 여왕이 되자 고소득층 고객들과 계약할 수 있는 길이 열렸고 덕분에 고액 계약을 다룰 기회도 크게 늘어났기 때문이다.

"월 보험료가 천만 원이 넘는 분들을 상대하게 됐습니다. 물론 지금은 3,000만 원 이상인 고객들이 대부분이지만요. 고객을 세분화하고 맞춤형으로 관리해야 할 필요가 있었죠. 보험 영업을 바라보는 관점도 조금 달라졌고요."

그녀는 꼼꼼히 세부 항목을 짚어가며 상품을 설명하는 것으로 유명하다. 미처 생각하지 못한 부분들까지 얼마나 자세하게 묻고 확인하는지 고객들은 물론 동료들까지도 혀를 내두를 정도다.

"갑작스러운 사고로 입원한 고객이 있었어요. 그런데 가정형편이 좋지 않아 병원비를 댈 수 없는 처지였죠. 저는 고객이 가입한 보험의 보장 내역을 차근차근 살펴봤어요. 다행히 의료비 지원 항목이 포함되어 있더군요. 입원비와 수술비 전부를 보험으로 처리할 수 있었던 것이죠. 고객을 위한, 고객 자신의 미래를 위한 보험의 중요성은 아무리 강조해도 지나치지 않는다고 생각합니다."

보험설계사는 고객이 상품을 선택하지 못하고 망설이고 있을 때, 고객의 상황에 맞게 적절히 조언해주어야 한다. 상품에 대해 설명하기 전에 미리 고객에 대한 세세한 정보를 정확하게 파악할 필요가 있는 것은 그래서다.

그녀는 보험 상품을 권유할 때 보험료가 비싼 것부터 보여준다. 30만 원짜리 보험을 들 고객에게 처음부터 30만 원짜리를 권하면, 보험료를 깎으려 들거나 그보다 싼 것을 요구하기 마련이다. 자신의 미래를 위해 투자하는 것이기는 하나 지금 당장 무리를 해가면서까지 투자할 필요가 있겠느냐는 것이다.

"현재의 경제력에 맞추어 설계하면 금방 후회하게 되는 게 보험이에요. 보험료가 싸니 초반에야 부담 없겠죠. 하지만 경제적인 부담이 줄어듦과 동시에 만족도는 떨어지게 되어 있습니다. 아무래도 저렴한 상품일수록 보장 내역이 부실하지 않겠어요? 보험을 해약할 가능성도 그만큼 높아지죠. 결국은 손해라는 얘깁니다. 보험이라는 게 원래 그래요. 지금은 약간 부담스럽더라도 3~4년 후의 경제규모에 맞추어야 만족도도 높아집니다."

| 내가 먼저 고객이 되어보라 |

자세를 고쳐 앉은 송 팀장은 마우스를 움직여 컴퓨터 모니터를 켰다. 인터넷 익스플로러를 띄우고 각종 재테크 사이트로 가득한 즐겨찾기 목록을 보여주었다.

"고객들은 상세한 상품 정보뿐만 아니라 다양한 이슈들에 대한 흥미로운 정보들을 기대하고 있기도 해요. 그래서 고객들에게 새롭고 신선한 정보를 제공하는 것은 정성이 담긴 선물 못지않게 중요합니다. 특히 부동산이나 주식 같은 재테크 정보들을 수시로 확인하고 머릿속에 입력해둬야 하고요."

자신이 모를 때는 고객에게 직접 묻는 것도 좋은 방법이라면서 모르고 있음을 절대 부끄러워하지 말라고 했다. 지금보다 더 나아지려면 언제나 겸손한 태도로 부족함을 겸허히 받아들일 줄 아는 자세가 필요하다는 것이다.

"중요한 것은 공부하겠다는 마음가짐입니다. 어느 정도 자리를 잡았다고 해도 공부를 게을리 하거나, 노력하는 모습을 보이지 않으면 결국은 도태될 수밖에 없어요. 믿고 계약한 고객에게 믿음을 주지 못하는데 어떻게 믿음직한 설계사가 될 수 있겠습니까? 당연히 저를 필요로 하는 고객들도 점점 줄어들겠죠.”

그녀는 고객의 마음을 움직이는 결정적인 요소로 ‘진정성’을 꼽았다.

“상품이 새로 나오면 우선 고객의 입장에서 이 상품에 대해 생각해봅니다. 내가 만약 이 상품에 가입한다면 어떨지. 그러고 나서 고객에게 그 상품을 설명합니다. 그때는 전문가의 입장에서 고객의 입장을 충분히 고려한 설명이 되겠죠. 고객이 장기적인 지출을 해야 한다는 사실도 반드시 염두에 둡니다. 저는 먼저 그 고객이 되어 보고, 그 고객의 입장에서 반드시 가입해둘 필요가 있겠다고 판단되는 상품들만 추천합니다. 당장의 이익에 눈이 멀어 일부러 불필요한 부분을 추가하는 일 따위는 하지 않습니다.”

설계사의 온도가 100도라도 고객에게는 보통 70도밖에 전달되지 않는 것이 현실이다. 그런데 설계사가 70도밖에 안 되는 온도와 확신을 가지고 있다면? 그렇다. 고객에게 전달되는 온도는 고작 3~40도 정도다. 채 절반이 되지 않는다. 송 팀장은, 고객에게 꼭 필요한 상품이라면 설계사 역시 자신이 가지고 있는 100도의 온도가 그대로 전해질 수 있도록 최선을 다할 필요가 있음을 강조했다. 설계사의 열정이 부족해 꼭 필요한 상품을 놓치게 된다면 고객으로서도 손해다.

“일단은 고객이 되어봐야 해요. 고객을 단순히 계약자로만 보지 말고, 그 사람 자신이 되어 고객의 마음과 생각을 읽어보라는 것이죠. 100도의 온도가 그대로 전해져야 고객도 끓어오르는 법입니다. 내가 미지근하면 고객의 온도는 절대 변하지 않습니다. 아차 하는 사이 영하로 떨어질 수도 있는 게 고객의 온도예요."

준비해야 두렵지 않다

근래 외국계 보험사들은 종신 보험을 앞세워 약진한 반면, 국내 보험사들은 저금리에 따른 역마진의 여파로 보험설계사를 대폭 줄이는 등 대대적인 구조조정을 실시한 바 있다. 보험 시장에 진출하는 대졸 이상의 고학력 남성들이 크게 늘어났고, 종신 보험이나 변액 보험 같은 복잡한 상품을 설계할 수 있는 전문 능력을 갖추지 못하면 경쟁에서 살아남기 힘들어졌다. 17만 명의 '보험아줌마' 들에게 위기가 닥친 것이다.

"준비해두지 않으면 기회가 와도 잡을 수 없어요. 지금 당장은 필요 없더라도 나중을 위해 꾸준히 준비해야 합니다. 마치 보험처럼 말이죠."

실제로 그녀는 막무가내 '보험아줌마' 가 아닌 프로페셔널 '보험설계사' 가 되기 위해 끊임없이 노력해왔다. 부족한 전문지식을 보충하기 위해 매일 밤늦게까지 책과 씨름했다. 실무 능력을 갖추기 위해 텅 빈 사무실에 홀로 남아 컴퓨터 자판을 두드렸고, 고객 한 명을 만나고 와서도 그 고객에게 필요한 것이 무엇인지 몇 번씩 생각하고 고민하면서 꼼꼼히 정리해놓았다.

"보험은 '언제나' 힘든 일이었어요. 아무리 경쟁이 치열해도, 긍지와 책임감으로 무장만 하고 있으면 충분히 이겨낼 수 있습니다."

지금까지 그녀가 취득한 자격증은 종신 보험, 변액 보험을 포함해 총 4개다. 50대도 이미 절반이 지난 중년의 나이지만, 요즘의 20대들 못지않게 컴퓨터도 능수능란하게 다룰 줄 안다. 다 실전에서 쓸 무기라는 생각으로 몇 년씩 철저하게 준비해온 덕분이란다.

"저라고 왜 게으름을 피우고 싶지 않겠어요? 하지만 '이 정도면 되지 않을까?' 하는 생각이 들 때마다 떠올립니다. 차비가 없어 종일 걸어 다녔던 시절, 동상 걸린 발을 부여잡고 펑펑 울었던 시절, 갚을 수 있을지 없을지 모를 빚을 생각하면서 한숨만 푹푹 내쉬었던 그 시절을 말이죠. 그때에 비하면 지금은 천국이나 다름없어요. 빚도 갚았죠, 집도 샀죠, 애들 공부도 시켰죠."

그럼에도 불구하고, 송 팀장은 '멋있게' 고객을 관리할 수 있을 때까지 이 일을 계속 하고 싶다고 했다. 요즘은 무언가를 이루기보다 이룬 것을 지키는 게 더 힘들다는 생각을 자주 하게 된다며, 1년 정도 쉬고 나니 정신이 바짝 들더라는 것이다.

"제 나이는 두 개예요. 주민등록상 나이는 쉰다섯 살이지만, 마음의 나이는 서른아홉 살이지요. 가장 책임감 있고, 왕성하게 뛰는 나이가 서른아홉 살이 아닌가요? 저는 언제까지나 서른아홉 살이고 싶은 마음입니다. 물론 지금도 서른아홉 살의 마음으로 살고 있고요."

그녀는 예쁘게 포장된 선물 하나를 쇼핑백 안에 넣었다. 그러고는 평택에 사는 고객을 만나러 가야 한다면서, 살며시 서른아홉 여인의 미소를 지어보였다.

| 6장 |

한 명의 고객이 아닌
한 그룹의 키맨으로 키워라

고객 관계 확장 프로세스

9 788952 208088
SALES

1. 고객이 나를 관리한다

_최진성 현대자동차 차장

최초의 자동차가 탄생한 것은 1886년, 고틀리프 다임러에 의해서였다. 그리고 그로부터 정확히 17년이 지난 1903년, 우리나라에서 최초로 자동차가 선보인다. 그것은 고종 황제 즉위 40주년 때 미국 공관을 통해 들어온 '포드 A형 리무진' 으로, 말이 없는 마차처럼 생긴 자동차였다. 자동차라는 것을 처음으로 보았을 당시의 사람들은 아마도, 그것 없이는 살 수 없는 세상을 상상하지 못했을 것이다.

자동차가 현대인들의 다리가 되었다고 해도 지나치지 않을 만큼, 많은 사람들이 자동차로 하루를 시작하고 하루를 마감한다.

자동차는 몇 달씩 걸어가야 했던 먼 길을 하루 만에 오가도록 만들었고, 때로는 휴식처가 되기도 했으며, 심지어는 '나' 라는 존재를 대변하는 하나의 표상으로까지 인식되기에 이르렀다.

그러나 그럼에도 불구하고 자동차는 여전히 고가의 상품이다. 쓰다 버릴 소모품을 선택하는 데도 고민하고 망설이는 소비자들이, 자동차와 같은 고가의 상품을 선택할 때 신중에 신중을 기하는 것은 당연하다. 게다가 이삼 년에 한 번씩 차를 바꾸는 사람이 아니라면, 웬만해서는 처음 차를 살 때 만났던 영업인을 통해 또다시 차를 구매할 일이 없다. 이삼 년에 한 번씩 차를 바꾸는 사람이라도 대개는 그럴 것이다. 그 영업인은 결국 몇 년 안에 잊히고 만다.

"한 번 보면 잊을 수 없는 사람이 되고 싶었습니다. 꼭 차 때문이 아니더라도 '내' 가 보고 싶어 나를 찾는, 그런 사람이 되기 위해 노력했죠. 영업자와 고객이라는 차가운 관계가 아닌 사람과 사람이라는 따뜻한 관계를 만들어 보고 싶었습니다."

현대자동차의 최진성 차장은 세일즈맨이 반드시 지녀야 할 덕목들 가운데 일순위로 '인간적인 면모' 를 꼽았다.

"사람들을 만나도 차 얘기는 거의 하지 않아요. 어차피 차에 대한 기본적인 지식은 다들 어느 정도 갖고 있습니다. 결국은 선택의 문제죠. 영업인이 먼저 차를 갖다대면 무조건 거리를 두게 되어 있습니다. 그 다음으로 진행이 되질 않죠. 한국인을 대표하는 정서는 '정'이라고 생각해요. 인간적으로 다가가 일을 도와주기도 하고, 대신 일을 해주기도 하면서 친분을 쌓다 보면 언젠가는 찾게 되어 있습니다. 이제는 고객들이 저를 관리합니다. 저 대신 영업을 해주신 분들도 많았죠. 어쨌든 영업은 맨 나중의 일입니다."

그는 얼마 전 DM 발송을 중단했다. 대신 수시로 전화하고 직접 편지를 쓴다. 체계적인 고객 관리도 하지 않는다. 대신 항상 '레이더'를 켜고 주변을 돌아보면서, 고객이 지금 무엇을 원하고 있는지에만 집중한다.

실제로 최 차장은 교통사고 같은 어려움에 처한 고객이 있으면 언제든 달려가 해결사 노릇을 해준다. 시장 상인들의 멸치나, 귀금속을 직접 들고 다니며 팔아주기도 했고, 칠순잔치나 돌잔치가 있으면 빼놓지 않고 찾아가 가족들보다 더 가족처럼 축하해주었다. 중매를 섰던 적도 있었다. 그가 중매를 선 4쌍 중에 2쌍이 결혼을 했다.

"저를 찾는다면, 저는 그곳이 부산이든 제주도든 달려갈 준비가 되어 있습니다. 주위 사람들이 가끔 물어옵니다. '괜히 비행기 삯이랑 렌트비만 날리는 거 아니냐? 뭐가 남는다고 거기까지 가서 영업을 하느냐?' 그렇습니다. 하지만 무엇이 남느냐 남지 않느냐는 그리 중요한 것 같지 않습니다. 특별히 무언가를 바라고 하는 일도 아닙니다. 다만 그렇게 멀리 떨어져 있는데도 불구하고 굳이 나를 필요로 한다는 사실이 고마울 뿐이죠. 이제는 최 차장이라 부르는 사람보다 형님, 동생 하는 고객들이 더 많습니다."

| 전부를 거는 데 필요한 건 1이다 |

신학대를 나왔으나 자신과 맞지 않는다는 생각에 목회자의 길을 포기한 그는, 생계를 위해 마트용 계란 장사를 시작했다. 다행히 장사가 잘되어 당시에 번 돈으로 친구와 학원을 차릴 수 있었고, 몇 년간은 그럭저럭 살아갔다. 위기가 닥친 것은 대형 학원들이 우후죽순 생겨나면서부터였다. 운영난에 시달리던 그는 병원에서 일하는 친구의 도움으로 도피하듯 병원 영업을 시작하게 되었다. 하지만 그의 불행은 거기서 끝나지 않았다. 병원이 부도가 나서 하루아침에 직장을 잃어버린 것이다.

그가 현대자동차에 들어간 것은 병원 영업을 할 때 거래하던 한 현대자동차 팀장의 권유 때문이었다.

"처음에는 내가 무슨 차냐고, 못 하겠다고 했습니다. 차에 대해서도 몰랐고. 정말이지 어쩔 수 없이 하게 된 일이었습니다. 결혼도 한데다가, 먹고는 살아야 했지……. 일단 입사 지원을 했습니다. 계획도 전망도 없이 백지 상태에서 무작정 시작한 일이었죠. 모르는 게 약이라고……. 근데 3개월 만에 겨우 한 대 팔았습니다. 이게 정말 노력한 만큼 성과가 나오는 일인지 의심스럽더군요."

돌파구를 모색하던 그는 우선 '알려지지 않은 나를 알리기'로 했다. 고민 끝에 현대자동차 사보팀을 찾았고, 편집장에게 '새내기 세일즈맨 최진성'에 대한 기사를 청탁해보았다. 물론 보기 좋게 거절당했다.

"현대자동차가 작은 회사도 아니고, 기삿거리도 없는데 부탁한다고 다 내줄 수 있는 게 아니라면서, 정 그렇게 내고 싶으면 판매왕 한번 해보고 오라더군요. 오기가 생겼죠. 조금 과장해서 말하면, 두 주먹 불끈 쥐고 돌아서서 내 꼭 판매왕이 되서 다시 오리라 다짐했었습니다."

그는 지치고 힘들 때마다 '판매왕 최진성'이라는 제목으로 사보에 실릴 자신의 기사를 상상했다.

"고생하며 자랄 때는 모든 게 정해져 있는 줄 알았어요. 그런데 꿈을 갖고 그 꿈을 향해 달려가다 보니 불가능하게만 보이던 것들이 하나둘씩 현실이 되더군요. 다른 사람들은 생각만 하고 마는 것들을 저는 반드시 실천하려고 했습니다. 99도까지 가는 건 누구든지 할 수 있습니다. 하지만 물이 끓으려면 100도가 되어야 합니다. 내 전부를 거는 데 필요한 건 10이나 100이 아니라 바로 그 1입니다."

3개월 만에 1대를 팔았던 그는 그 다음 달에만 1대, 다시 그 다음 달에는 3대, 그러다 6개월째부터는 한 달에 6~8대를 팔아치웠다. 그렇게 1년을 보내고 나자 그 다음 해부터는 한 달에 10대, 그리고 다시 1년이 지나자 한 달에 15~20대로 실적이 뛰었으며 급기야 한 달에 33대를 파는 경지에까지 이르렀다.

"한 달에 5대쯤 팔았을 때는 10대씩 팔아치우는 선배들이 대단해 보였는데, 7대쯤 팔게 되니까 5대는 쉽게 느껴지더군요. 10대쯤 팔게 되니까 7대도 쉬워 보이고. 그런데 또 20대쯤 팔게 되니까 10대도 쉬워 보이는 것입니다. 사람이 하는 일이라는 게 다 그렇지 않나 싶습니다. 지금 당장은 벅찰지 몰라도 일단 그 단계를 지나 다음 단계에 올라서면 '보이는' 거죠."

월간 판매왕이 된 그는 곧장 사보팀으로 달려갔다. 편집장은 혀를 내두르며 감탄했고, 사보에 자신의 이야기가 실리자 최진성은 그 사보를 들고 신문사와 방송국을 찾아가 적극적인 접촉을 시도했다.

"제가 방송에 나오거나 제 사진이 신문에 실리면 고객들이 더 반가워합니다. 간혹 격려 전화를 해주시는 분들도 있었죠. 그럴 때마다 더 열심히 해야겠다, 더 잘 되어야겠는 생각이 듭니다. 고객들은 제 생명의 은인이나 다름없습니다."

나를 차별화하라

명함에 적힌 그의 직함은 '차장'이 아니라 '영업대통령'이다.

이름도 '최진성'이 아니라 '최진실'로 적혀 있다.

"대통령 월급이 1억 5,000만 원 정도 된다고 합디다. 제가 그보다 좀 더 받거든요? 그러니 영업대통령이죠."

그는 호탕하게 웃으며 말을 이었다.

"우선은 남들과 달라야 한다고 생각했습니다. '내'가 상품이라면 어떻게든 '나'를 차별화시켜야 경쟁력이 생길 테니까요. 그래서 일단 이름부터 바꿨습니다. 최진실. 최진성. 연관성이 있으면서도, 한 번 만에 기억할 수 있는 이름이죠."

의상도, 홍보 방식도 파격적으로 바꾸었다. 그는 세일즈맨 하면 떠오르는 정장 대신, 나비넥타이를 매고 연미복을 입었다. 핸들카에 전단지 수천 장을 싣고 다니며 홍보 활동을 펼쳤다. 그러다 이동 수단을 자전거로 바꾸었고, 곧이어 오토바이를 구입했다. 나이트클럽 웨이터를 연상시키는 복장으로 오토바이를 타고 다니는 자동차 세일즈맨. 단연 장안의 화제가 되었다.

"나를 알리는 방법에도 여러 가지가 있을 것입니다. 망가지기도 그중에 하나겠죠. 영업인이라면 망가지기를 두려워해서는 안 됩니다. 그리고 망가지기로 작정했다면 확실하게 망가져야죠."

그의 자리는 마치 창고 같다. 신발이 아홉 켤레, 나비넥타이가 색깔별로 스무 개, 연미복, 교복, 거기에다 '행사' 때 쓰는 양배추 머리 가발까지, 온갖 잡동사니로 항상 어수선하다. 다른 사원들의 깔끔한 책상과는 대조적이다. 사실 현대자동차는 복장 규범을 두고 있다. 그러나 이제 회사 안에서 그의 복장에 대해 탓하는 사람은 아무도 없다. 그의 열정이 규범을 앞선 것이다.

"시간이 날 때마다 뭐 새로운 게 없을까, 소품을 뒤지고 다닙니다. 소품을 구입하는 곳은 주로 시장입니다. 물건은 항상 두 개씩 한 세트로 삽니다. 사무실과 차에 하나씩 놔두고 기동력 있게 쓰기 위해서죠."

그는 평일보다 주말이 더 바쁘다. 칠순잔치나 돌잔치처럼 최소한 100명, 많으면 500명 가까이가 모이게 되는 잔칫집은 그에게도 좋은 영업장이 되기 때문이다. 신학대 출신으로 한때 목회자를 꿈꾸기도 했던 최진성 차장은 어떻게 하면 '임팩트' 있게 분위기를 이끌 수 있는지를 잘 알고 있다.

"잔칫집에 가면 항상 첫 번째로 노래를 부릅니다. 썰렁하다 싶으면 가지고 다니는 소품들을 이용해 사람들을 웃기기도 하죠. 저는 축하받을 사람을 그곳에서 제일 많이 축하해주는 사람이고 싶습니다. 신명나게 '망가지고 나면' 다들 제가 누구인지 궁금해하죠. 제가 누구인지 알고 나면 '역시 판매왕이구나.' 하십니다."

| 먼저 즐길 수 있어야 한다 |

최진성 차장은 말 그대로 자동차 영업에 '미친 놈'이다. 나이

트클럽 웨이터 복장에 오토바이를 타고 다니는 것도 모자라, 2개월 만에 교통사고를 당하고 병원에서 6시간 만에 간신히 깨어나 제일 먼저 한 일이 자동차 영업이었다니 말이다.

그는 회진을 도는 처음 보는 의사를 만날 때마다 인사와 함께 명함을 건넸다. 어디선가 자동차에 관한 이야기가 나올라치면 재빠르게 끼어들어 전문가답게 대화를 주도해나가거나 상담을 해주기도 했다. 그에게 있어 병원은 휴식처나 치료의 장이 아닌 또 하나의 영업장이었다. 그 집념에 동료들조차 두 손, 두 발 다 들었다.

"사실은 재밌어서 하는 일입니다. 물론 처음에는 '일 자체를 즐기자, 즐기자.' 하며 마인드 컨트롤을 해야 했습니다. '고객 만족, 고객 감동 그런 거 다 필요 없다. 일 자체를 즐기고 즐기는 데서 만족을 찾자. 남의 눈치 보지 말자.' 처음 하는 일이라 초반에는 힘들었죠. 그런데 하다 보니 재미도 있고, 천직이 아닌가 싶기까지 하더군요."

최 차장은 아파트를 돌아다니며 전단지를 뿌릴 때도 운동을 한다는 마음으로 계단을 오르내렸다. 고객을 만날 때도 '고객'이 아닌, 그저 일을 더 즐겁게 하기 위해 만나는 사람이라고 생각했다. 그에게 일은 일이 아니라 '놀이'였다.

"오토바이 타고 다닐 때 6개월가량은 선글라스를 쓰고 다녔습니다. 왠지 부끄러웠죠. 하지만 진짜로 부끄러워해야 할 모습은 내가 내 밥값을 못하는 것이지 그런 게 아니라는 생각이 들었습니다. 그제야 선글라스를 벗을 수가 있었죠. 그런데 선글라스를 벗고 나니 다른 세상이 보이더군요. 사람들마다 자기 포지션이라는 게 있는 것 같습니다. 홍명보 선수가 유명해진 것도 공격수가 아니라 수비수였기 때문이 아닐까요? 정장 입고 점잖게 영업하는 사람한테는 그게 가장 잘 어울리는 모습인 것이고, 저 같은 사람한테는 이게 가장 잘 어울리는 모습인 것입니다. 다 생각하기 나름이에요."

그는 늘 새로움을 추구한다. 이동 수단도 핸들카에서 자전거, 오토바이로, 복장도 퀵서비스복에서 연미복, 교복으로 계속해서 업그레이드 해나갔다. 앞으로 또 어떤 모습으로 변신할지는 짐작도 할 수 없다.

"동대문 시장이나 남대문 시장, 중앙 시장은 연미복에 양배추 머리로 갑니다. 시장 사람들과 어울리기에는 최고죠. 하지만 변호사나 의사, 일반 직장인들을 만날 때는 가능한 한 노말하게 가려고 합니다. 물론 나비넥타이 정도는 매주죠. 거기서 조금만 변화를 줘도 다들 재미있어 하십니다."

그러나 그런 그도 단순히 튀는 복장이 비결은 아니라고 했다. 자신의 영업 전략이 영업 자체에 직접적인 영향을 미치는지 미치지 않는지를 판단할 사람은 자신이 아니라 고객들이라는 것이었다.

"포장지가 아무리 예뻐도 내용물이 좋지 않으면 절대 두 번 다시는 그 물건을 사지 않습니다. 처음 한 번은 손이 가겠지만 말이죠. 가끔 저를 흉내 내는 제2의, 제3의 최진실을 보게 될 때가 있습니다. 누구나 첫 발은 다 디딜 수 있죠. 하지만 두 발, 세 발, 그리고 백 발, 이백 발 가다 보면 언젠가는 반드시 걸음을 떼기 힘든 순간이 찾아오게 됩니다. 그때 한 걸음 더 나아갈 수 있게 만드는 힘은 결국 '내실'이라고 할 수 있겠죠."

그는 일어서야 할 때가 되었다면서 징, 조화 다발 등 소품 몇 가지를 챙겨들었다. 오늘 그의 패션은 하얀 중절모, 노란 와이셔츠에 빨간 넥타이, 파란 빤짝이 재킷에 하얀 바지, 하얀 양말에 하얀 구두다. 대체 어디를 가려는 것일까? 오늘에 충실하면 미래도 두렵지 않다는 최진성 차장. 그는 이제 막 사십 줄에 들어선 무서운 중년이다.

2. 한 명의 고객 뒤에 열 명,
   스무 명의 고객이 있다

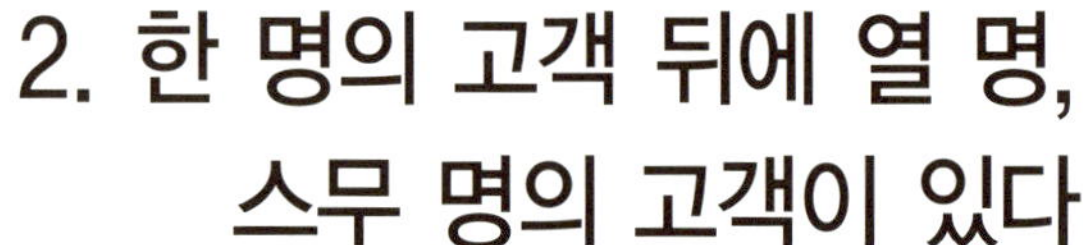

_장서영 만도위니아 신림점장

"김치 냉장고에 가장 많은 관심을 가질 만한 고객층을 생각해 봤어요. 역시 주부들이 아닐까 싶더군요. 그렇다면 주부들이 가장 많이 모이는, 주부들에게 쉽게 접근할 수 있는 곳이 어딜까? 고민하다 시장을 떠올렸습니다."

상인들을 상대로 장사를 한 간 큰 여자가 있었다. 다름 아닌 현 만도위니아 신림점장 '장서영'이다. 그녀는 시장에서 잔뼈가 굵은, 웬만해서는 지갑을 열지 않을 상인들을 타깃으로 김치 냉장고를 팔아보기로 했다.

시장에서 '장사' 하는 사람들은 종일 일에 매달릴 수밖에 없다.

새벽같이 집을 나와 장사 준비를 해야 하고, 밥을 먹다가도 손님이 오면 물건을 팔아야 하며, 아이들이 학교에서 올 시간에도 집에 있을 수가 없다. 그들에게 시간은 곧 돈이다. 1분이라도 더 나와 있어야 하므로 가사에 신경을 쓰기가 힘들다. 제때 싱싱하고 아삭아삭한 과일, 채소, 야채, 김치 같은 것들을 가족들에게 먹일 만한 여유가 없다. 게다가 김치는 한국인의 주식이나 다름없지 않은가? 라면 하나, 김밥 하나를 먹어도 김치가 있어야 하는 한국인이다.

그녀 역시 가정으로 돌아오면 한 남자의 아내였다. 한 아이의 어머니였다. 김치 냉장고와 주부, 시장의 연결은 너무도 자연스러운 결론이었다. 그녀는 즉시 남대문 시장으로, 동대문 시장으로 달려가 상인들을 만나보았다. 그들은 쇼핑할 시간이 없었다. 따로 시간을 내 매장을 둘러볼 여유가 있는 사람들이 아니었다.

"시간이 없다면 시간을 벌어주면 되지 않겠느냐는 생각이 들었죠. 찾아가는 서비스랄까. 일단 제 명함을 찍은 카탈로그를 하나씩 나눠드렸어요. 마진을 줄여 최대한으로 저렴하게 뽑은 가격을 제시했고요. 그러다 조금이라도 관심을 보이는 분이 계시면 적극적으로 설명해드렸습니다."

그녀가 신뢰를 얻는 방법은 간단했다.

"고객에게 부담을 주면 안 돼요. 상담은 충분히 하되 마무리는 이렇게 짓는 거죠. 다른 데서 가격을 좀 더 알아보시고, 큰 차이가 없으면 저한테 연락을 주세요. 제가 제일 좋은 걸로 갖다 드릴게요. 그러면 나중에 다들 그러세요. 그런 말 한 마디가 믿음을 준다고. 몇 만 원 더 주더라도 장서영 씨한테 사는 게 마음이 편하다고."

실제로, 그녀는 A/S를 부탁하는 전화를 많이 받는다. 센터로 바로 연결되는 대표 번호가 있음에도 불구하고 그녀에게 전화를 거는 것이다. '장서영'을 통해 구입했으니 그녀에게 연락하면 어떤 특별한 A/S가 되지 않을까 하는 기대 때문이란다.

"제가 직접 해드리면 좋겠지만 그건 불가능하니까……, 대신 A/S 신청을 해드려요. 그리고 나중에 전화를 걸어 확인합니다. 센터에서 연락이 왔느냐, A/S는 잘 되었냐, 만족하느냐. 고맙다면서 김치를 보내주시겠다는 분도 있었어요. 그런 분들 정말 많습니다. 저야 감사하죠. 문제는 성수기 땐데……. 딤채는 보통 전화로 많이들 주문하세요. 김장철이 되면 정말이지 양쪽 귀가 마비될 지경이죠. 하루에 40~50통 가까이 전화가 오거든요. 제때 물건을 드리지 못 할 때도 많습니다. 어쨌든 성수기 때는 꼼꼼히 챙겨드리기가 힘들어요. 그래도 최대한 노력하고는 있습니다."

| 고객을 협력자로 만들어라 |

현재 그녀가 취급하고 있는 품목은 김치 냉장고, 에어컨, 이온

수기 등 3종. 물론 주 종목은 김치 냉장고다.

"농협 생활물자팀에서 10년 정도 근무를 했었어요. 그러다 회사가 기흥으로 이전을 하게 돼 그만두고 새로운 일을 찾고 있는데, 남편이 만도에 주부 판매조직이 있다는 얘길 하더라고요. 이리저리 인맥을 따져보니 에어컨 10대 정도는 금방 팔겠다 싶었습니다. 114에 문의해 바로 찾아가봤어요."

하지만 연고 판매는 생각만큼 쉽지 않았다.

"처음에는 거절당할 수도 있다는 생각을 하지 못했어요. 그런데 아는 사람한테 거절당하니까 굉장히 마음이 아프더라고요. 자괴감도 생기고. 이건 아니다 싶어 무작정 발길 닿는 대로 3시간이고 4시간이고 돌아다니면서 전단지를 뿌렸어요. 덕분에 첫 해에는 에어컨을 훨씬 많이 팔았죠."

문제는 김치 냉장고였다. 에어컨은 그래도 수요가 있는 편이라 발품을 팔면 어느 정도 실적이 나왔으나, 김치 냉장고는 수요 자체가 없었다. 냉장고가 있는데 굳이 김치 냉장고까지 살 필요가 있나 하던 시절이었다.

"계속 이걸 해야 하나 회의가 생길 정도였어요. 그래도 일단 발을 들여놓았으니 1년만 견뎌보자, 그렇게 결심했지요."

그런데 그로부터 얼마 지나지 않아 IMF가 터졌다. 그 여파로 만도위니아 역시 다른 중소기업들처럼 휘우뚱거렸고, 불안해진 영업 사원들은 대거 경쟁사로 자리를 옮겼다. 겨우겨우 마음을 다

잡은 상황에서 벌어진 일이었다. 그녀는 '흔들리지 말자, 흔들리자 말자.' 마음속으로 끊임없이 되뇌었다. 학습지와 보험 영업의 유혹도 끝까지 물리쳤다. 딱 1년이었다. 그녀에게는 무슨 일이든 1년은 해봐야 한다는 믿음이 있었다.

"처음 몇 달은 그저 그랬어요. 주문이 늘기 시작한 것은 시장을 돌파구로 삼고, 적극적으로 시장 사람들과 거래를 하면서부터였죠. 저를 통해 제품을 구입하신 분이 다른 분에게 추천해주고, 그분이 또 다른 분을 소개해주고, 추천해주고 하셨던 것 같아요. 입소문이 난 거죠."

어디선가 들은 누군가의 말처럼 한 명의 고객 뒤에는 열 명, 스무 명의 고객이 숨어 있었다. 제품을 구매한 고객 스스로 그녀대신 제품을 알리고 고객을 끌어오는 '협력자'가 되길 자처한 것이다.

"지금까지 저를 통해 제품을 구입한 사람은 대략 5~6,000명쯤 됩니다. 솔직히 너무 많아 모든 분들을 일일이 따로 관리하긴 힘들어요. 꾸준히 새로운 고객을 소개해주시는 분들만 해도 족히 200명은 될 것 같습니다. 요즘은 쇼핑하러 동대문이나 남대문에 가보면 대부분이 제 고객이더군요. 지나가다 차 한 잔씩만 해도 반나절이 후딱 가버려요. 배가 터질 정도로 차를 마시게 되죠."

그녀는 시간이 날 때마다 '적극적인' 협력자들을 만나 식사를 대접하거나 다른 방법으로 성의를 표시한다고 했다. 소개해준 고객에게 '작은' 사은품으로 고마움을 전하는 것은 기본이다.

“김치 냉장고 용기를 주로 드리고 있어요. 이미 저희 김치 냉장고를 구입해 쓰고 계신 분들이잖아요. 서비스센터에서 직접 구입하면 꽤 비싼 걸로 알고 있어요. 하지만 저희는 직원이라 조금 싸게 살 수가 있죠.”

신뢰는 끝까지 지켜라

김치 냉장고 판매는 주로 김장철에 한꺼번에 이루어진다. 그러다 보니 종종 주문이 밀려 제때 배송이 되지 않는 경우가 발생하기도 한다. 감정적으로 불만을 터뜨리는 고객들을 상대할 일도 많아진다. 성격 좋은 그녀도 감당하기 힘들 때가 많단다.

“어떤 경우라도 고객과 감정적으로 대립해서는 안 됩니다. 화를 내거나 목소리를 높여서도 안 되고요. 침착, 침착, 또 침착입니다. 감정적으로 대립하다 등을 돌린 절대 고객은 거기서 끝내지 않아요. 반드시 주변 사람들한테 안 좋은 소문을 퍼뜨리죠.”

한번은 이런 일이 있었다.

“지금 당장 가져오지 않으면 큰일 날 줄 알라면서 10분 간격으로 전화를 하셨던 분이 있었어요. 나중에는 저도 머리끝까지 화가 났죠. 하지만 참고, 또 참았습니다. 꾹 참고서는, 최선을 다해 빨리 보내드릴 테니 조금만 더 기다려달라고 계속해서 설득했어요.

다행히 계약 취소까지 가지 않고 무사히 배송을 마쳤습니다. 식은 땀이 다 났죠. 일찍 집에 들어가 쉬려는데, 문자 메시지 하나가 왔습니다. 소비자 대처방법에 칭찬을 보낸다는 메시지였어요. 미안하셨나 봐요."

한번은 이런 일도 있었다.

"배송 날짜에 맞춰 김장을 했는데 배송이 안 되서 김치를 보관할 데가 없다며 계약을 취소하시겠다는 거예요. 그래서 그랬죠. 그럼 배송이 될 때까지 대신 제가 보관해드리겠습니다. 처음에는 어이없어 했죠. 그런데 제가 진짜로 준비를 해 가니까 오히려 미안하다면서 몸 둘 바를 몰라 하시더라고요."

그녀는 다른 영업 사원들과 똑같이 영업을 나가고 전단지를 돌리고 상담을 하는데도 연락은 제일 많이 온다면서, 자기가 생각해도 신기하다고 했다. 자신은 쉽고 재미있게 영업을 하고 있다는 것이었다. 그러나 그녀가 고객들에게 자신의 이름 석 자를 기억하게 만드는 방법은 확실히 다른 사람들과는 달랐다.

그녀는 '계약서'를 활용한다. 소비자들이 박스니 설명서니 하는 것들은 다 버려도 A/S를 위해 계약서만큼은 소중하게 보관한다는 사실에 주목한 장서영 점장은, 감사 편지나 명함을 따로 넣으면 분실될 우려가 있다고 판단, 제품을 보내기 전에 계약서에다 직접 간단한 인사말과 연락처를 적었다. 즉, 지금까지 그녀로부터 제품을 구입한 수천 명의 고객들 모두가 그녀의 연락처를 갖고 있다는 것이다. 주변에 김치 냉장고를 구매하려는 사람이 있을 경우 그녀를 소개할 확률이 높아질 수밖에 없다.

"지방에서 문의 전화가 온 적이 있어요. 김치 냉장고가 홍수로 떠내려갔는데 새로 한 대 보내줄 수 있느냐고. 그 난리 통에도 계약서를 보고 제 연락처를 확인한 거죠."

만도위니아의 김치 냉장고 시장 점유율은 60~70퍼센트. 김치 냉장고를 내놓은 지 이제 막 10년이 지난 이 회사는 최근 구형 제품의 보상 판매를 시작했다.

"비수기에는 회사에서 넘겨준 기존 구매 고객 리스트를 보고 보상 판매 안내 전화를 합니다. 이제는 목소리만 들어도 어떤 식으로 접근해야 할지 감이 와요. 물론 그 자리에서 바로 구매 결정을 하는 고객은 많지 않습니다. 저도 억지로 권유하지 않고요. 대신 휴대폰 번호를 남길 때 사무실 번호도 반드시 함께 남깁니다. 믿음을 주자는 거죠. 김장철이 되면 저희 김치 냉장고 용기들이 여기저기서 보여요. 그만큼 많이 보급되었다는 얘기죠. 제가 이 나라의 냉장고 문화 혁명에 어느 정도 일조한 것 같아 뿌듯합니다."

먼저 마음을 열고 다가가라

영업 비결을 묻자 그녀는 불쑥 어머니 이야기를 꺼냈다.

"엄마가 굉장히 정이 많았어요. 수시로 동네 이웃들을 불러다 놓고 밥을 챙겨 먹이곤 하셨죠. 누가 시킨 것도 아닌데도요. 그냥 왁자지껄 같이 먹는 게 좋으셨던 것 같아요. 한 번도 인색하게 음식을 준비한 적이 없으셨어요. 뭐 하러 저 고생을 하나 싶으면서도 즐거워하시는 모습을 보면 또 그렇지만은 않구나 하게 되더군요."

그녀의 어머니는 그 시대의 다른 어머니들처럼 이웃을 남이라 생각지 않았다. 그녀는 사람들을 만날 때마다 그때의 어머니가 떠오른다고 했다.

"먼저 마음을 열고 다가가되, 상대방에게 부담을 주지 말라는 거죠. 그냥 일상적인 대화를 나누듯이 편안하게, 궁금한 점을 묻고 대답하는 정도랄까."

어머니의 모습을 통해 자신의 이익을 챙기기보다 타인을 배려하려는 삶이 더 많은 행복을 준다는 사실을 깨달았다고 했다.

"시간이 없는 분들이니 계속 시간을 뺏어서도 안 되죠. 따라서 제품을 설명할 때도 1~2분 안에 요점을 전달하도록 해야 합니다. 저는 제품 설명이 끝나면 바로 묻습니다. '리터(l) 큰 걸 원하세요? 작은 걸 원하세요?' 그리고 원하는 쪽으로 사람들이 많이 찾는 모델을 짚어줍니다. '이 모델을 소비자들이 많이 찾더라.' 하고 딱 짚어서 추천해주는 거죠."

그러나 사실상 소비자들에게 직접 와닿는 것은 가격이다. 가격 문제가 해결되지 않으면 백 가지 장점도 아무런 소용이 없다.

"초반에는 어쩔 수가 없습니다. 연고도 한계가 있고, 제품을 모르니 설득하기도 힘들고. 저도 영업 초기에 에어컨 팔 때는 정말 고생 많이 했어요. 한번은 이런 전화를 받은 적도 있었죠. 실내기에서 물이 나온다. 배관비 추가로 들어가게 생겼다. 당신이 내줄 거냐. 무슨 생각으로 이따위 제품을 권해준 거냐. 사실 설치팀이 제대로 설치를 하지 않아 그랬을 수도 있었거든요. 균형이 안 맞아서. 그런데 저도 경험이 없으니 어떻게 대처를 해야 할지 모르겠더라고요. 결국은 배관비를 제 돈으로 물어줬죠. 어쨌든 '가격은 조금 비싸지만 10년은 믿고 쓰실 수 있어요. 왜냐하면……' 하면서 배짱 있게 설명할 수 있으려면 수없이 많은 시행착오를 거쳐야만 합니다. 지름길은 없어요."

그녀는 직접 욕설을 들을 적도 있다면서 한숨을 내쉬었다.

"좋은 분들도 많지만……. 제품 색깔이 백화점에서 본 거랑 다르다고 교체해달라던 분이 있었어요. 제가 드린 카탈로그를 보고 주문한 제품이었죠. 그런데 이런 제품들은 일단 배송이 되면 교체 절차가 복잡하고 힘들거든요. 그래서 그랬죠. 백화점 조명 아래서 보는 것과 집에서 보는 것은 차이가 있을 수 있다. 다른 제품이 아니다. 그러자 그러시더군요. 길거리 외판원한테 사는 게 아니었다. 수화기를 내려놓는데 눈물이 펑펑 쏟아지더군요. 하지만 어쩌겠어요. 미우나 고우나 다 제 고객들인걸."

그녀가 자신에 대해 생각하는 시간은 오직 버스를 타고 이동할 때다. 그녀는 기회가 되면 차도 사고, 운동도 하고, 자기 관리도 좀 하면서 자신에게 시간을 투자해야겠다는 생각이 요즘 부쩍 늘었다고 한다.

"창밖에 있는 나무를 볼 때마다 깜짝깜짝 놀라요. 얼마 전에 새 잎이 나는 모습을 본 것 같은데, 어느 날 보니 벌써 낙엽이 되어 있더라고요. 친구들이 그래요. 영업에 미쳤다고. 서른셋에 이 일을 시작했는데 어느새 마흔둘이 됐네요."

장서영 점장은 억대 연봉자가 된 지금도 여전히 바쁘다. 여전히 밤늦게까지 사무실을 지키고 있고, 주말은 평일보다 더 정신없이 보낸다. 그녀는 '나'의 이름이 곧 브랜드인, 그래서 사람들이 '나'만을 믿고 제품을 구매하게 되는 그날을 꿈꾸며 오늘도 전단지를 들고 사무실을 나선다.

3. 약점을 경쟁력으로 삼아라

_박은화 대우자동차판매 부장

'여자가 자동차 영업을 한다고? 트럭을 팔아?' 자동차 영업과 여자는 왠지 모르게 어울리지 않아 보인다. 물론 자동차 세일즈우먼이 없지는 않다. 하지만 '트럭'을 파는 여자라니, 호기심이나 칭찬보다 걱정이 앞서는 게 사실이다. 그러나 그녀는 사람들이 고개를 갸웃할 때마다 자신 있게 답한다.

"재밌어요. 재밌어서 하는 일이에요."

박은화 부장이 취급하는 차종은 덤프트럭이나 유조차, 탑차, 레미콘 같은 8톤 이상 대형차다. 그녀는 2002년부터 2007년까지 한 번도 빼놓지 않고 매년 판매왕을 차지했다. 남자 사원들이 1년 내내 트럭 한 대 팔지 못했던 IMF 때도 10대나 팔아치웠으며, 2006년에는 한 해 동안 무려 750대를 팔았다. 회사 내에서 단연 선두다. 그러니 '여자가 트럭을?' 글쎄, 그것은 그저 편견이지 않을까?

그녀가 대형 트럭과 인연을 맺은 것은 1993년, 큰 아이가 막 초등학교에 입학할 무렵이었다. 그녀는 스물여섯에 결혼해 남편과 아이들만 바라보며 살고 있었다. 아이들은 스스로 잘 커갔고, 공무원인 남편도 남편대로 자신의 일을 잘 꾸려나갔다. 사는 데 특별한 문제는 없었다. 하지만 그녀는 한 남자의 '아내'나 아이의 '엄마'이기 전에 '박은화'였다. 자신의 이름으로 당당히 이 땅 위에 서고 싶었다.

"나만 뒤처지고 있는 게 아닐까 싶었죠. 나를 한번 시험해보고 싶었어요. 딱 3년만 열심히 뭔가를 해보겠다고 마음먹었죠."그녀는 남편의 반대를 무릅쓰고 대우자동차에 입사 지원서를 냈다. 가능하면 남들이 안 하는 일을 해보겠다는 생각에 굳이 트럭 영업을 자원했다. 그러나 회사에서는 트럭이 아닌 승용차 영업을 권했다. 그러자 갑자기 오기가 발동했다. 그녀는 트럭이 아니면 그만두겠다는 태도로 맞섰다. 그녀에게 '일'이란 단순히 돈을 벌기 위한 수단이 아니었다. 하나의 도전 과제이자 '자신'을 증명할 기회였다.

"지금 생각해보면, 대체 그런 용기가 어디서 나왔는지 모르겠어요. 그때만 해도 젊었고, 겁이 없었나 봐요. 막상 부딪쳐보니 보통 힘든 일이 아니더라고요. 일단 체력적으로 감당이 안됐죠. 트럭 업체들이 주로 서울 외곽이나 지방에 있었거든요. 걷기도 많이 걸었죠. 오후가 되면 힘이 달려서 팔다리가 덜덜 떨릴 정도였어요.”

그녀는 매일 아침 남부터미널에서 일과를 시작했다. 시외버스를 타고 전국 방방곡곡의 중소 도시로 내려가, 그곳에서 다시 군내버스를 타고 구불구불한 길을 따라 외딴 시골동네를 헤매고 다녔다.

“모르는 사람을 만나는 일 자체도 힘들었지만, 낯선 사람에게 상품을 설명하는 일 역시 결코 쉽진 않더군요. 게다가 반겨주지 않는 사람에게 무시당하고 돌아설 때의 기분은 정말이지 말로 할 수 없을 만큼 참담했죠.”

그러나 그녀가 ‘여자’라서 유리한 점도 있었다.

“찾아가면 다들 얼굴 한번 쓱 쳐다보고 나서 그러세요. ‘당신이 트럭을 판다고?’ 그러고는 이러시죠. ‘당신이 트럭에 대해 알아?’ 하지만 일단 한 번 만나고 나면 다음번에는 ‘아, 트럭 파는 여자.’ 하면서 반갑게 맞아주세요.”

당시만 해도 트럭 영업을 하는 ‘여자’는 없었다. 때문에 그녀를 만난 사람들 모두가 똑똑히 그녀를 기억했다. ‘여자가 트럭을 팔 수 있겠느냐.’는 편견이 오히려 그녀를 잊을 수 없는 사람으로 만든 셈이다. 그러므로 우리는 어떤 일에 도전할 때 여러모로 볼 필요가 있다. 불리한 점이 많다고 불평하거나 비관하지마라. 약점이 강점이 될 수도 있음을 염두에 두고 최선을 다해 끝까지 밀어붙여라.

불리하면 불리한 대로 경쟁력을 갖춰라

물론 여느 영업 사원들과 마찬가지로 그녀 역시 처음부터 승승장구는 아니었다. 그녀는 아직도 첫 차를 팔았던 날의 가슴 설렘을 잊지 못한다고 했다.

"세 달 만에 겨우 한 대를 팔았어요. 정말 어렵게 판 거예요. 만나서 견적 다 내고 다음날 계약서 쓰기로 했는데, 막상 다음날 아침 찾아가려고 전화해보니 다른 업체하고 계약을 했다더라고요. '어제 저하고 약속하셨잖아요.' 하는데 눈물이 주르륵 흘렀어요. 그동안 고생한 기억들이 주마등처럼 스쳐지나갔죠."

그녀는 자신이 뽑은 견적서에 무슨 문제가 있나 싶어 몇 번이고 다시 확인해보았다. 그런데 알고 보니 계약 전날 다른 업체 직원이 고객에게 술 50만 원어치를 사주었다는 것이었다. 그 업체에서 더 좋은 조건으로 계약을 따낸 것이라면 인정하고 포기했겠지만 그런 것이 아니라면 절대 물러날 수 없었다.

다음날 그녀는 다시 고객을 찾아갔다. 어느 부분이 차이가 있는지, 자신의 견적서와 계약 업체의 견적서를 꼼꼼히 대조해보았다. 언뜻 보기에는 그녀가 뽑은 견적보다 좋은 조건이었다. 하지만 상식적으로 그와 같은 견적은 나올 수가 없었다. 마침내 그녀는 계약 업체가 부가세를 빼고 견적을 냈다는 사실을 발견했다. 그녀가 뽑은 견적은 부가세를 포함한 견적이었다.

"결과적으로 더 많은 지출이 있게 될 거라고 충고했어요. 상대 업체의 견적에 부가세를 포함하면 제가 뽑은 견적이 좀 더 나은 조건임을 내세웠죠. 결국 그분은 상대 업체와의 계약을 해지하고 저와 다시 계약을 했습니다. 그 일이 제 영업의 시발점이 되지 않았나 싶어요. 나중에 그분이 다른 고객을 소개해주고, 그 고객이 또 다른 새로운 고객을 소개해주는 식으로 지금까지 이어져왔죠."

어차피 기동력 면에서는 남자들을 따라잡을 수가 없었다. 평소 관심 분야도 아니었으니 기계에 대한 설명도 시원치 못한 것이 당연했다. 대신 그녀는 자기 대신 영업을 해주는 고객을 확보하는 전략을 선택했다. 불리하면 불리한 대로 그 안에서 나름대로의 경쟁력을 갖출 줄 알아야 한다. 처음부터 모든 조건이 다 충족된 상태에서 어떤 일을 시작하는 사람은 별로 없다.

"운이 좋았다고 해야 하나요. 좋은 고객들을 많이 만나게 된 것 같아요. 결국은 그분들 덕분에 이 자리까지 온 것입니다. 우량 고객 주변에는 항상 우량 고객들이 있기 마련이더라고요. 감사한 일이죠."

트럭은 한 대에 5,000만 원을 호가하는 고가의 차다. 사정이 그러하다 보니 불량 고객도 많고, 사기꾼도 많다. 그러나 그럼에도 불구하고 그녀의 고객들은 할부금으로 문제를 일으킨 적이 단한 번도 없다.

"IMF 때 많은 영업 사원들이 부실 채권 때문에 회사를 그만뒀어요. 부실 채권이 하나도 없는 사람은 아마도 회사 내에서 제가 유일할 걸요."

실적이 모든 걸 보상한다

그녀에게 고객들은 또 하나의 가족이다. 그녀는 새로운 고객이 생겼을 경우, 가능하면 그의 부인까지도 알고 지내려 한다. 고객과 통화가 안 되면 혹시 별다른 일은 없는지 직접 집을 찾아가보기도 하며, 특별한 일이 없어도 시간이 날 때마다 주기적으로 안부 전화를 건다.

"트럭 모시는 분들은 종일 차 안에 있을 때가 많아요. 심심하고 지루하겠죠. 저야 전화 한 통 걸어서 내일 비 온다던데 어떤 걸 싣느냐고 묻는 정도지만 다들 굉장히 고맙다고 하세요. 가능하면 편안하게 해드리려고 하는 거죠."

그러다 보니 요즘은 고객의 부인들이 부부간의 문제를 상담해오는 경우도 적지 않다고 한다. 김장철이 되면 김장 김치를 보내오기도 한다는데, 이는 그만큼 그녀를 신뢰한다는 뜻일 것이다.

그러자 그녀는 낮은 목소리로 고백한다.

"큰 애가 고3일 때도 아침밥 한 번 제대로 챙겨주지 못했어요. 제가 아침 일찍 집을 나갔으니까. 그런 데다가 거의 지방에 내려가 있잖아요. 아이들이 아픈데도 서둘러 돌아갈 수가 없는 거예요. 그럴 때마다 일이 먼저인가, 아이들이 먼저인가 고민하게 되는 거죠. 한번은 작은애한테서 열쇠가 없어 집에 못 들어가고 있다는 전화가 왔어요. 날씨는 춥지, 거리는 멀지. 아무리 빨리 가도 2시간은 족히 걸릴 것 같았거든요. 태산 같은 걱정을 안고 부랴부랴 달려가보니 큰애가 작은애를 데리고 이마트에서 책을 읽고 있더라고요. 눈물이 났어요. 아이들한테 너무 미안했죠."

남편에게도 미안한 마음을 전했다.

"강원도 쪽으로 출장을 갔다가 일이 늦어지는 바람에 서울로 올라가는 마지막 시외버스를 놓친 적이 있어요. 워낙 외진 곳이었죠. 기차역에 가보니 다행히 밤 9시 반에 제천으로 가는 비둘호가 있더라고요. 그걸 타고 제천까지 가서 새벽 1시에 청량리행으로 갈아탔어요. 그렇게 무사히 서울까지 오긴 왔는데, 집에 돌아가보니, 현관에 큰 가방 하나가 놓여 있는 거예요. 새벽 5시였어요. 어디선가 남편이 나타나 그러더군요. 친정에 가 있어라. 남편은 저녁 6시면 퇴근하지, 애들은 어리지. 처음에는 둘 다 굉장히 힘들었어요. 이혼 얘기가 나올 정도였으니까. 저도 그것 때문에 몇 번이나 사표를 냈죠."

그녀가 억대 연봉자의 대열에 합류하게 된 것은 그로부터 8년 뒤인 2002년부터다. 그녀의 능력을 인정한 회사는 끝까지 사표를 반려했고, 그러는 사이 월급 체계는 능력급으로 바뀌었으며, IMF와 구조조정의 한파도 남편의 마음을 움직이는 데 큰 몫을 하게 되었다. 언제부터인가 남편과 아이들도 가사를 돕기 시작했다.

"관리직에는 아직 눈에 보이지 않는 차별이 남아 있지만 영업은 그렇지 않아요. 실적이 모든 걸 말해주니까요."

내 사전에 불가능은 없다

그녀는 방문할 업체를 골라 찾아간다. 아무 곳이나 마구잡이로 가지 않는다는 뜻이다. 채권이 부실하거나, 할부 관리가 되지 않는 곳은 먼저 발을 끊는다. 눈앞의 작은 이익에 눈이 멀어 회사에 손해를 끼쳐서도 안 되지만, 상대해 이길 자신도 없는 데다 그런 업체와는 결코 좋은 인연을 만들어나갈 수 없어서다. 물론 업체 현황은 좋은데 대우차를 쓰지 않는 곳은 당연히 예외다.

"무슨 억하심정이 있는지 대우와는 절대 거래하지 않겠다는 운송 업체가 있었죠. 윗분들한테 제가 한번 해보겠다고 했어요.

다들 시간 낭비라고 말렸죠. 말리니까 더 해보고 싶더라고요."

처음에는 한 달에 한 번 정도 업체를 찾아갔다. 예상대로 업체 사장은 그녀를 쳐다볼 생각조차 하지 않았다. 일단 3주일에 한 번으로 방문 횟수를 늘렸다. 그리고 그때부터는 여직원들 간식으로 도넛을 사들고 갔다. 그러자 사장이 있을 때는 눈치를 보던 직원들도 사장이 없을 때 슬며시 정보를 흘려주는 것으로 보답을 해왔다. 그녀는 이렇게 직원들과 친분을 쌓아가며 2주일에 한 번, 1주일에 한 번으로 점차 방문 간격을 줄여나갔다. 그렇게 1년이나 공을 들였다.

"그제야 업체 사장님께서 윗분을 모시고 오라시더군요. 그러고는 대우 차에는 관심 없으나 제 성의를 봐서 딱 한 대만 구입해주겠다고 하셨어요. 나중에는 그분이 한 열 대쯤 더 팔아주셨죠."

그녀는 환한 미소를 지어 보이며, 모두가 어렵다고 하는 일을 해냈을 때 가장 큰 보람을 느낀다고 했다.

"일은 단순히 돈을 버는 일 자체로만 끝나지 않는 것 같아요. 나 자신의 존재 가치를 확인하게 해준다고나 할까. 영업도 결국은 사람이 하는 일이잖아요? 목적은 제품의 판매지만 그것도 결국은 고객과 마음이 통해야 이루어진다고 생각해요."

스스로 당당해져라

트럭 영업은 장거리를 뛰어야 하는 일이다. 업체들 대부분이 시 외곽에 있어 한번 차를 몰고 나가면 200~300km 이동은 기본이다. 이는 거의 택시 기사와 맞먹는 수준이다. 그녀는 힘들다는 생각이 들 때마다 하는 일이 있다며 어디선가 작은 노트 한 권을 꺼내 보여주었다.

"기도 노트예요. 판단이 잘 서지 않는 일이 생기면, 기도 노트를 펴고 무엇을, 왜 하려는 것인지, 앞으로 어떻게 해나갈 생각인지 펜으로 직접 차분하게 써봅니다. 혼자서 묻고 대답해보는 것이죠."

어렸을 적부터 기독교 환경에서 자라온 그녀는, 이런 식으로 기도를 하다 보면 복잡한 생각들이 많이 정리된다고 했다.

"제 힘의 근원은 기도 노트에 있는 게 아닐까 싶어요. 저는 제가 반드시 해야 할 일이 생길 때마다 '꼭 이루고 싶은 일입니다. 도와주실 거죠? 도와줄 사람을 만나게 해주실 거죠?' 마음속으로 기도를 드립니다. 그러면서 한 걸음, 한 걸음 나아가는 거죠. 믿음직한 누군가가 든든하게 뒤를 받쳐준다고 생각하면 없던 힘도 저절로 생겨납니다. 물론 떳떳하게 도움을 청하려면 한 점의 부끄러움도 있어서는 안 되겠죠. 정직하게, 정정당당하게 일을 할 수밖에 없어요."

박은화 부장은, 그러나 오늘날의 자신을 만든 것은 결국 고객들이라며, 감사의 말을 덧붙이고 싶다고 했다.

"고생이 많다면서 매번 식사를 챙겨주시는 분들도 있고, 사업 파트너로 인정해주시는 분들도 있어요. 그런 분들이 저를 세워주고, 키워주셨다고 생각해요. 큰 차 타시는 분들은 정말 순수합니다. 좋은 말도 욕으로 하는 게 다반사지만, 적어도 마음만큼은 화이트칼라들보다 훨씬 순수하고 정도 훨씬 많은 것 같아요. 그분들은 있는 그대로 사람들을 대해요. 꾸밈이 없죠. 모든 면에서 솔직하고요. 그분들을 처음 접하는 사람들은 당황할 수도 있을 것 같은데, 조금만 지나보면 그 인간됨과 마음 씀씀이에 향기가 있다는 것들 알게 됩니다. 간혹 코드가 맞지 않아 오해가 생길 때도 있지만, 미안하다고, 꼭 한 번 들리라고 먼저 전화하는 쪽은 항상 그분들입니다."

오해는 종종 서로를 진심으로 이해하는 계기가 된다. 왜 오해가 생겼는지를 알고, 어떻게 오해를 풀어나갈지를 고민하는 가운데 서로 간의 거리는 좁혀지기 마련이며, 결과적으로 신뢰를 더욱 두텁게 하는 역할을 한다.

"여자 후배들이 많이 생겼으면 좋겠어요. 서로 도와주고 격려도 해주면서 재미있게 일해보고 싶어요. 저는 저 때문에 회사에서 여자를 뽑지 않게 되면 안 된다는 생각에 더 열심히 뛰었거든요. 그렇게 길을 닦아놓긴 했는데, 하려는 후배들이 없네요. 어떤 일이든 힘들지 않은 일은 없습니다. 그렇다고 못 할 일도 없고요. 제 생각 이 일은 여자들한테 더 메리트가 있어요. 우선은 자리가 많잖아요?"

스트레스는 잠과 울음으로 푼다는 그녀. 그녀는 거친 들판에 홀로 피어 있는 한 송이 들꽃처럼 아름답다. 보는 것만으로도 향기롭다.

4. 가족보다 더 가족 같은 사람이 되어라

_강순이 교보생명 FP 명예상무

저녁 9시, 그녀를 만나기 위해 사무실을 찾았다. 워낙 바쁜 탓에 좀처럼 인터뷰 시간을 잡기 어려웠던 탓이다. 널찍한 방 앞에는 '명예상무' 팻말이 붙어 있었다. 20년 가까이 보험판매 1~2위를 다투어온 그녀를 위한 회사 측의 배려다.

"죄송해요. 제가 좀 늦었죠? 고객 미팅이 이제 막 끝났어요."

자리에 앉은 그녀가 사과 하나를 꺼내 깎았다. 일정이 빡빡해 저녁을 굶었다면서 같이 먹자고 했다. 인터뷰를 시작하려는데 전화벨이 울렸다. 그녀는 부동산 문제에 대해 상대방과 한참 동안 이런저런 얘길 주고받았다. 외국 은행의 지점장을 지낸 고객의 가족이라고 했다. 보험을 든 고객은 죽었지만 10년이 넘게 그의 가족들을 '보듬고 있다' 는 것이다.

"인간관계라는 게 원래 그렇지 않나요?"

강 FP가 빙그레 웃으며 말을 이었다.

"필요한 것이 무엇인지 꼼꼼히 파악해서 빈틈없이 도와드리려고 노력해요. 집안 대소사는 기본이죠. 보험일이 아니더라도 가려운 곳이 있으면 최선을 다해 긁어드려요. 가령, 어떤 고객의 집안에 노처녀가 있다면 열심히 신랑감을 찾아 연결해주죠. 확실한 고객 풀(Pool)이 있고, 양쪽 집안을 잘 아니까 그다지 어려운 일은 아니에요. 나이 많은 아들딸들이 시집 장가 안 가고 있으면 골치 아프잖아요. 작년에도 두 건이나 성사시켰습니다."

그녀는 해외에 있는 고객을 만나기 위해 '순방' 을 떠나기도 한다고 했다. 해외 지점으로 발령받아 나가는 고객들의 숫자가 많아져서란다.

"종합 상사는 종합 상사대로, 금융 회사는 금융 회사대로 해외에 지점이 많이 생겼어요. 일 년에 한 번 정도 나가게 되는데 작년에는 미국, 유럽, 홍콩, 일본을 돌았죠. 저를 피해 도망갔는데 거기까지 찾아왔다고, 농담처럼 말씀들 하세요. 여기까지 쫓아왔으니 더 이상 도망갈 데가 없다고."

사실 해외 주재원들의 보험료는 국내 은행으로 들어오는 급여에서 자동으로 빠져나간다. 굳이 그 먼 곳까지 찾아가 만날 필요는 없었다.

"다들 굉장히 반가워해요. 오랜만에 만난 가족처럼 잘 대해주시죠. 한국 사람들이 별로 없으니 아무래도 외롭지 않겠어요? 외국에 나가 살면 애국자가 된다는 말도 있잖아요. 선물도 주고, 모여서 식사도 같이 하고 그래요. 그러다 새로운 계약을 딸 때도 있고. 이제는 가면 2세를 만나게 되기도 하거든요. 그렇게 열댓 명이 모여서 밥 먹고 그러면 참 좋더라고요. 요즘엔 그럴 일이 거의 없잖아요. 핵가족 시대니까. 다행히 1년에 한 번씩 MDRT 콘퍼런스가 있고, 애들도 미국에서 공부하고 있어서 겸사겸사 찾아갈 일이 많아졌어요. 그러다 보니 해외에서 하는 2세분들의 결혼식에도 참석할 수 있게 되었고요."

설문지 100장으로 고객 한 명을

강 FP는 1983년, 교보생명 대졸사원 공채를 통해 처음 보험업계에 발을 들여놓았다. 직장단체 전담사원으로 기본급 20만 원을 받고 일을 시작했는데, 당시 은행원이던 남편의 월급과 같은 수준의 급여였다고 하니 꽤 좋은 조건이었다.

"영업이 뭔지, 보험이 뭔지도 몰랐어요. 이렇게 힘든 일인 줄 알았으면……."

그녀는 신입사원 교육을 받고 나서야 '보험 정신'이 어떤 건지 알게 되었다고 했다. 와닿는 게 있었다는 것이다.

"그 전에는 학원 강사를 했어요. 과외 금지 조치로 일을 접게 되면서 결혼을 했는데, 얼마 안 있다 시어머니의 암이 발병했죠. 남편이 벌어오는 돈만으로는 감당이 안 됐어요. 아이 낳고, 돌 무렵부터는 나도 다시 일을 해야겠다는 생각이 들었죠. 주부사원 붐이 일던 시기였어요. 이력서를 냈는데 다 됐죠. 삼성에서 연수받고 왔는데 여기 합격증이 왔더라고요. 월급쟁이보다는 낫겠다 싶어 이곳을 선택했죠. 교육을 받으면서 공부해보니 해볼 만한 일이다 싶었어요. 주위 사람들은 말렸지만 저는 마음에 들었습니다."

강 FP는 아삭아삭 사과를 씹으며 이야기를 계속했다.

"직장단체 전담사원은 가가호호를 일일이 방문해야 하는 일반 주부판매사원과는 조금 성격이 달라요. 회사 하나를 정해놓고 그 회사의 직원들을 상대로 보험을 팔았거든요. 한곳에서 한꺼번에 여러 사람을 만날 수 있고, 그들과 지속적으로 관계를 맺을 수 있다는 장점이 있었어요."

그녀가 맡게 된 곳은 동국건설과 효성물산, 그리고 외국계 은행들이었다. 나중에는 시중 은행까지 영역을 넓혔으나, 여하튼 처음에는 작은 은행 하나 뚫는 일도 불가능해 보였다고 한다. 교육이 끝나고 직접 부딪쳐 보니 현장은 예상외로 만만치가 않더라는 것이다. 사실 의욕만으로 될 일은 아니었다.

"잡상인 취급은 예사였어요. 어린 아가씨가 이런 일도 하냐면서 농을 거는 아저씨가 있질 않나. 이쪽에서 얻어맞고 저쪽에서 얻어맞았죠. 해약하면 자기가 손해지 않느냐, 보험 회사가 사기 치는 거다, 별별 소릴 다 듣고 다녔죠. 하지만 적어도 제게는 '보험은 반드시 필요한 것'이라는 확고부동한 믿음이 있었어요. 남이야 믿든 말든 상관하지 않겠다는 자세로 밀어붙였죠."

그녀는 거래처에서 입는 가운과 비슷한 옷을 입고 매일같이 그곳을 방문했다. 결국에는 어차피 들 거라면 자주 보는 사람한테 드는 게 낫지 않겠느냐는 판단을 하게 되리라는 확신이 있었기 때문이다. 그녀는 그녀가 그 회사의 직원처럼 여겨지도록 최선을 다해 발품을 팔았다.

"사대문 안은 무조건 걸어 다녔어요. 그 무거운 가방을 들고, 낑낑거리면서. 돈을 아끼기 위해선 어쩔 수가 없었죠."

어렵사리 돌린 설문지를 회수해 설문지에 적힌 정보를 보면서 고객의 라이프 사이클을 일일이 손으로 그리는 것도 일이었다. 지금이야 컴퓨터로 순식간에 처리할 수 있는 일이지만 그때만 해도 한 장을 그리는 데 30~40분이 걸리는 큰 작업이었다.

"한 100장쯤 정리하니까 고객 한 명이 생기더군요."

실적을 올리기 시작한 것은 1984년부터였다. 상을 받은 것은 1985년, 보험업계에 발을 담근 지 2년 만에 이룩한 쾌거였다.

"처음에는 설문지 100장에 고객 1명이더니 그 다음번에는 2

명, 그 다음번에는 3명, 피라미드형으로 계속해서 늘어났어요."

우산은 햇볕이 쨍쨍할 때 준비하는 것

그녀는 일이 너무나 재밌었다. 6개월이 지나니 어렴풋이 그림이 그려졌다. '아, 이게 이렇게 되는 거구나!' 1년이 지나니 무언가 보이기 시작했다. 그동안 기본급은 20만 원에서 50만 원으로, 50만 원에서 100만 원으로 늘었다. 어느덧 그녀가 관리할 고객의 수는 2,000명이라는, 처음에는 상상조차 하지 못했던 어마어마한 숫자에 육박했다.

"처음에는 막연했는데, 하다 보니 목표가 생기더라고요. 기본급이 오십일 때만 해도 남편보다 많이 번다는 생각에 뿌듯했거든요? 그런데 주변을 둘러보니 백만 원 넘는 사람들이 수두룩한 거예요. 어떤 선배는 한 방에 1억을 수금해오기도 했어요. 월급으로 이백만 원, 삼백만 원을 받는 사람들도 많았죠. 우물 안의 개구리라는 생각이 들었어요."

그녀가 세운 첫 목표는 1억 수금이었다. 1억을 수금해야 100만 원가량이 자신에게 돌아왔다.

"회사를 돌아다니다 보니 산업의 흐름이라는 게 보이더군요. 인수합병이 활발한 미국계 은행들을 보면서 우리나라의 은행도 언젠가는 저렇게 되지 않을까 생각했었는데 IMF가 터지자 정말로 그런 일이 벌어졌어요. 보험의 필요성을 다시 한번 절감하게 된 순간이었죠. 직장이 곧 보험이라 생각한 그런 시대는 이미 지나갔습니다."

해외 바이어들을 자주 만나는 종합 상사 직원들은 보험에 대해 빨리 이해했다. 보험의 필요성을 충분히 인식하고 있었기 때문이다. 그러나 은행 직원들은 그렇지가 않았다. 그들은 자신이 다니고 있는 곳을 평생직장이라 생각했다. 아이들 대학 등록금까지도 은행에서 다 대주다시피 했으니 보험의 필요성 따위는 느껴지지 않았으리라.

"우산은 햇볕 쨍쨍할 때 준비하는 거예요. 비가 왔을 때는 이미 늦은 거죠. 결국은 세탁비가 더 들지도 몰라요. 한번은 이런 일이 있었어요. 30대 초반의 은행원이었는데, 아들이 백혈병에 걸린 거예요. 대학 졸업하고 취업해 갓 결혼한 30대 초반의 아빠가 무슨 돈이 있겠어요. 다행이 가족까지 다 되는 암 보험을 들어둔 상태였죠. 그는 수령한 보험금으로 열성을 다해 아들을 치료했고, 결국 완치되었다는 소식을 들었어요. 보험업에 종사하면서 보람을 느끼는 순간이 있다면 그럴 때가 아닌가 싶어요."

질병으로 보험금을 타는 고객들이 하나 둘 늘어나자, 그녀는 고객들끼리 환자 동호회를 만들 수 있도록 주선했다. 백혈병 환자는 백혈병 환자들끼리, 폐암 환자는 폐암 환자들끼리 서로 정보를 나누고 의지할 수 있도록 연결해준 것이다.

"보험 들면 오래 산다더니, 십 년이 넘어가니까 보험금 덕을 보는 사람들이 한 명, 두 명 생기네요. 돈이 없어 보험을 못 들고 있다는 사람을 만날 때마다 참 안타까워요. 마음은 있는데 형편이 안 된다는 거죠. 보험이라는 게 알고 보면 참……, 돈이 없을수록 더 필요하거든요. 돈이 없다고 병이 피해가는 것도 아니고."

목적의식 없이 관계 맺기

강 FP가 관리하고 있는 고객 2,000여 명 중 집중 관리 대상은 300명, 그중 200명 정도가 고액 자산가이고 나머지는 보험금 사고 고객이다.

"매년, 매달, 매주, 매일 지금부터 시작이라는 마음가짐으로 일을 시작해요. 최소한 이십 년은 더 일해야 하니 계속해서 고객을 발굴해야죠. 영업에 왕도는 없어요. 고객이 고객을 소개해주는 경우도 있지만 그런 루트는 한계가 있거든요. 결국은 개척을 해야죠. 저는 주로 신문을 활용해요. 기사화된 사람들의 이야기는 굉장히 유용한 정보가 됩니다."

그녀가 주목하는 인물은 사회적으로 성공한 유명 인사들이다. 평생 열심히 '일만' 해온 사람이 대부분인지라 의외로 자기관리에 소홀한 측면이 많다는 것이다. 그녀는 그들을 만나기 전 반드시, 만났을 때 강한 인상을 심어줄 수 있는 '선물'을 준비한다고 했다.

"일단 그분에 대한 모든 기사를 검색해봐요. 그러다 잘 나온 인물 사진을 발견하면 즉시 신문사에 연락해 그 사진을 구합니다. 그걸 멋진 액자에 넣어 선물하는 거죠. 첫 만남을 기념하면서. 뭔가를 바라고 하는 일은 아녜요. 고객 발굴도 발굴이지만 그분을 개인적으로 알게 된다는 사실 자체가 좋은 거죠. 사회적으로 성공한 분들을 만난다는 것 자체가 멋진 일 아닌가요? 멋있으니까 드리는 거예요. 보험을 팔아야 한다는 목적의식을 앞세운 적은 단 한 번도 없어요. 처음에는 그저 누군가가 나한테 관심을 갖고 있구나 정도만 인식시키면 된다고 생각해요."

그녀는 한두 번 만남으로 보험을 팔겠다는 생각은 애초에 갖지 않는다면서 자연스럽게 관계를 맺어나가는 것이 중요하다고 했다.

"보험, 소리만 들으면 경기를 일으키던 은행원이 있었죠. 내가 싫어서가 아니라 내가 옆에 와서 설명하면 가입하게 될 것 같아서 그러니 가까이 오지 말라고, 유난을 떨던 분이셨어요. 그게 20년 전쯤인데. 어쨌든 1월 초에 그분한테 전화가 왔어요. 지점장으로 퇴직하고 집에서 쉬고 있는데 동네가 재개발에 들어가 보상을 받게 되었다면서 보상받으면 보험 하나 들고 싶다는 거예요. 얼마나 반가웠는지. 포기하지 않고 꾸준히 보험 안내를 한 보람이 있었다고 해야 하나. 저의 진심이 전해진 것이라고 해야 하나."

강 FP에게 있어 '보험'은 곧 '인내'다. 그녀는 보험 영업은 농부가 씨를 뿌리고 김을 매는 것과 같다고 말했다. 영업을 성공으로 이끌려면 고객의 마음이 움직일 때까지 인내하고 기다려야 한다. 따라서 그만큼 자기 철학도 분명해야 한다. 조급한 마음에 쉽게 시류에 휩쓸려서는 안 된다. 그런데 생각보다 그런 보험 영업자가 드물다. 철학이 있는 FP를 만났다는 것은 고객 입장에서도 영광이다.

"애사가 있으면 반드시 참석하려고 해요. 아무래도 대소사에 대한 관심이라는 게 기쁜 일보다는 슬픈 일이 있을 때 짠하게 와닿는 법이죠. 진심도 더 잘 전해지고, 관계도 더 깊어지고. 라이프 플래너는 고객에게 어려움이 닥쳤을 때 빛나는 사람들이에요. 생각해보세요. 우리는 돈을 주러 가잖아요. 변호사나 세무사는 돈을 받으러 가고요. 처음에는 어렵겠지만 돈보다는 고객이 우선입니다. 결국 영업은 사람이 재산인 거예요."

평생을 관리하겠다는 마음으로

강순이 FP 명예상무는 IMF 이후 고액 연봉자, 거액 자산가 시장으로 눈을 돌렸다. 덕분에 관리 고객 수는 다소 줄었으나 금액은 훨씬 커졌다.

"이쪽 시장은 이제 시작입니다. 신입사원처럼 일하고 있어요. 이제 오십인데, 멀리 봐야죠."

그녀는 아무리 일이 늦게 끝나도 자정 뉴스와 새벽 6시 뉴스만은 빼놓지 않고 본다. 거액 자산가들의 재무 컨설팅을 하려면 경제 흐름을 놓치지 않아야 하기 때문이다. 그래야 고객들과 대화도 가능하다.

"매일 챙겨보지 않으면 어제 주가가 올라갔는지 떨어졌는지, 몇 포인트가 올라갔고 떨어졌는지 알 수 없잖아요? 부동산도 그래요. 직접 투자를 했든 안 했든 최소한 흐름 정도는 꿰고 있어야 하죠."

강 FP는 쉬는 동안 많이 게을러졌다면서 새해부터는 공격적으로 뛰어볼 참이라고 했다. 그녀에게 2005년은 일종의 안식년이었다. 물론 일을 전혀 하지 않은 것은 아니다. 신규 계약을 줄이는 대신 기존 고객들과의 관계를 다져나간 것이니 미래를 위한 투자였다고 할 수 있다.

"시어머니께서 많이 도와주셨어요. 돌아가시고 나서부터는 친정어머니께서 집안일을 봐주고 계시죠. 오빠가 모시고 있었는데 뺏어왔어요. 제가 일 욕심이 있어서요. 아이들이 미국에 있으니 특별히 뒤치다꺼리 할 일은 없어요. 문제는 제 공부죠. 아직도 공부할 게 너무나 많아요. 요즘엔 단계별로 자격증이 생겨서 FP, CFP 공부도 계속 해야 하고, 세금이나 부동산 쪽 공부도 필요하죠. 정신없어요. 전문직 고객이 많아졌거든요. 종합적으로 케어하려면 저도 전문가가 되어야 하지 않겠어요?"

그녀의 첫 고객들은 어느새 60대, 70대가 되었다. 그러다 보니 3대를 관리하게 된 경우도 적지 않다고 하는데, 그들과 맺은 인연이 2세, 3세로 이어지고 있어 젊은 감각도 필수라고 말한다.

"나이가 들면 매너리즘에 빠질 수가 있어요. 위험하죠. 이십대에 처음 보험 일을 시작하면서 저는 고객들에게 이렇게 말했어요. '앞으로 20~30년은 더 직장 생활을 할 텐데 보험 관리는 20대인 나한테 맡겨라. 나는 평생 관리를 해줄 수 있다.' 그때 그분들과 했던 약속을 지키는 일도 저한테는 소중해요. 그 약속을 지키기 위해서라도 이 일을 그만둘 수는 없습니다."

이야기를 마친 그녀는 자리에서 일어나 책상 서랍을 열었다. 그녀가 꺼내든 것은 반짝반짝 빛나는 플루트였다.

"가끔 마음이 복잡할 때 연주하곤 하죠. 둘째 아들이 플루트를 시작했을 때 사는 김에 하나 더 사서 배우기 시작한 거예요. FP 시상식 때 클래식 기타를 치시는 신창재 회장님과 듀엣으로 연주를 한 적도 있죠. 보여 달라고요? 아직은 어설픈 아마추어입니다. 한참 멀었죠. 그래도 이걸 불고 나면 모든 걸 잊고 몰두할 수 있어 좋아요."

영업도 결국은 사람이 하는 일이다

어차피 확률은 반반이다. 성공 또는 실패. 그런데 이 확률이라는 것은 시도를 많이 하면 할수록 높아지기 마련이다. 영업은 '얼마든지 상처받을 준비가 되어 있다.'는 자세로 '포기하지 않고' 고객을 찾아가, 고단함을 숨긴 채 일곱 번이고 여덟 번이고 마음을 두드려야 하는 일이다. 가랑비에 옷이 젖듯 스펀지에 물이 스미듯 고객의 마음속으로 침투해야 하는 일이다. 성공할 확률을 높이기 위해서는 시도의 횟수를 늘릴 필요가 있다.

하지만 공격적인 영업이 항상 성공을 보장해주는 것은 아니다. 물러서야 할 때는 과감히 물러설 줄도 알아야 한다. 영업은 고객의 감정을 사는 순간 그걸로 끝이다. 영업의 세계에서는, 지금 당장은 아니더라도 형편이 나아지면 더 큰 고객이 될 수 있다. 나중에 고객이 어디에서 누구를 통해 물건을 구입하느냐는 이전의 영업 사원에 대한 기억에 좌우되기 마련이다. 좋은 인상을 심어놓으면 언젠가는 틀림없이 연락이 오게 되어 있다.

오더를 받아 물건만 넘겨주면 끝나는 시대는 이미 지났다. 영업은 끝까지 상대방의 신뢰를 잃지 않고 꾸준히 관계를 유지할 수 있을 때 비로소 완성되는 일인지도 모른다. 영업의 절반은 고객 관리에 있다고 해도 과언이 아니다.

그러므로 어떤 경우라도 고객과 감정적으로 대립해서는 안 된다. 감정적으로 대립하다 돌아선 고객은 절대 거기서 끝내지 않고 반드시 주변 사람들한테 안 좋은 소문을 퍼뜨린다. 영업으로 빨리, 그리고 크게 성공하려면 고객 한 사람에게 딸린 열 명, 스무 명을 볼 수 있어야 한다. 마음을 열기 힘든 사람일수록 나중에는 오히려 든든한 '협력자'가 된다. 어렵게 마음을 연 만큼 쉽게 변하지 않기 때문이다.

많은 영업 사원들이 물건을 팔기 전에는 간이며 쓸개며 할 것 없이 다 빼줄 것처럼 얘기하다가도 정작 팔고 나서는 아무 일도 없었다는 듯 무심하게 돌아선다. 그러나 그때만큼 고객을 자기 사람으로 만들 좋은 기회는 없다. 영업도 결국은 사람이 하는 일이다. 목적은 제품의 판매지만 그것도 결국은 고객과 마음이 통해야 이루어진다. 지속적인 커뮤니케이션을 위해서는 인간적으로 접근할 필요가 있다.

중요한 것은 상대방의 눈을 정직하게 바라볼 수 있어야 한다는 점이다. 나 자신에 대한 믿음이나 자신감이 진심으로 고객에게 전달되고, 그것이 훗날 고객 자신의 이익 창출로 이어져야 고객도 감동한다. 허황된 말과 한탕주의식 접근으로는 결코 상대방의 마음을 움직일 수 없다. 제품을 설명할 때도 없는 사실을 가지고 과장해서는 안 된다. 불확실한 부분에 대해 절대 아는 것처럼 설명해서도 안 된다. 언제나 고객이 한 수 위라는 생각을 갖고, 진심으로 자신을 팔아야 한다. 거짓이 없어야, 한 점의 부끄러움도 없어야 상대방의 눈을 똑바로 쳐다볼 수가 있다.

당연히 단점이 없는 상품은 없다. 하지만 굳이 단점을 부각시킬 필요는 없다. 이제부터 당신이 할 일은 당신이 팔아야할 상품의 여러 장점들 가운데 어떤 장점을 어떤 식으로 강조해야 그 장점을 고객이 피부로 느낄지 고민하고 연구하는 것이다. 영업은 상대에 따라 시시각각 영업자 자신을 변신시켜야 하는 일이다. 고객은 성격이나 취향, 레벨도 다 다르고, 포지션 자체도 다양하다. 그러니 어떤 사람을 상대하게 될지 만나기 전에는 예상할 수 없다. 그러나 또 일단 진행되기 시작하면 어떻게든 상대방의 조건에 맞추어 눈치껏 움직여야 하는 일이 영업이다. 건투를 빈다.

한국의 영업왕 열전

| 펴낸날 | 초판 1쇄 2008년 3월 27일 |
| | 초판 4쇄 2010년 3월 8일 |

지은이 **장승규**
펴낸이 **심만수**
펴낸곳 **(주)살림출판사**
출판등록 1989년 11월 1일 제9-210호

경기도 파주시 교하읍 문발리 파주출판도시 522-1
전화 031)955-1350   팩스 031)955-1355
기획·편집 031)955-1384
http://www.sallimbooks.com
book@sallimbooks.com

ISBN 978-89-522-0860-6   03320

※ 값은 뒤표지에 있습니다.
※ 잘못 만들어진 책은 구입하신 서점에서 바꾸어 드립니다.

책임편집 **김형필**